한자능력검정시험

8급 · 7급

진산 곽종육 엮음

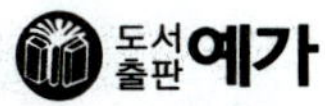

차 례

서 문

한자는 우리말의 70%를 차지하며, 세계 인구의 약 30%가 사용하고 있다.

대학수학능력시험 선택과목에 포함되고 기업의 신규사원 채용에 한자시험이 실시되며 또 중국과의 교류가 급증하고 있어서 어느 때보다 한자교육의 필요성이 높다. 근래들어 한자능력검정시험의 응시자 수가 비약적으로 증가하고 있는 것도 한 단면이라 볼 수 있다.

본 교재는 한자능력검정시험을 위한 준비서이며 한자를 처음 공부하는 학생은 물론 일반인에 이르기까지 쉽고 체계적으로 공부할 수 있도록 구성되어 있다.

본 교재를 통하여 누구나 쉽고 재미있게 한자를 익히고 나아가 합격의 기쁨을 누리기를 기원한다.

저자 진산 곽종육

일러두기

▶ 8급은 쉬운 한자부터 배열하고 7급은 가나다 순으로 배열하여 찾기 쉽고 익히기 쉽게 하였습니다.

▶ 한자의 필순 및 두음법칙을 꼭 읽어보기 바랍니다.

한자능력검정시험 안내

- **주관** : (사)한국어문회

- **시험일시** : 1년에 3차례 시행되며 교육급수와 공인급수가 분리 시행됩니다.

  - 교육급수(4급~8급) : 4 · 7 · 11월
  - 공인급수(1급~3급Ⅱ) : 5 · 8 · 11월

    원서접수는 시험일보다 빨리 실시되며 일정은 사정상 변경될수 있으므로 한국어문회 홈페이지에서 확인 바랍니다.

- **접수처** : 한자능력검정시험 시역별 접수처 · 한국어문회 홈페이지 참조

- **접수 요령** : 준비물을 챙겨서 해당 접수처로 갑니다. 접수처에 비치된 원서를 작성해서 제출하면 됩니다.

- **준비물** : 반명함판사진 3매 (3×4cm), 주소, 우편번호, 주민등록번호, 한자이름, 검정료

- **검정료** :

1급 - 35,000원	2급~3급Ⅱ - 15,000원
4급~6급 - 11,000원	6급Ⅱ~8급 - 10,000원

- **접수방법** : 방문접수, 인터넷접수

- **응시 자격** : 학력, 연령, 국적 등에 관계없이 누구나 원하는 급수에 응시 할 수 있습니다.

- **발표** : 시험 후 약 한달 뒤 www.hangum.re.kr 및 ARS 060-800-1100

■ 급수별 합격기준

합격기준	1급	2급	3급	3급II	4급	4급II	5급	6급	6급II	7급	8급
출제 문항수	200	150	150	150	100	100	100	90	80	70	50
합격 문항수	160	105	105	105	70	70	70	63	56	49	35
시험시간(분)	90	60	60	60	50	50	50	50	50	50	50

※ 1급은 출제문항수의 80%이상, 2급~8급은 70%이상 득점하면 합격임.

■ 유형별 출제 문항수

• 쓰기 배정한자는 하위급수의 읽기 배정한자 범위내에 있습니다.

• 상위 급수 한자는 하위 급수 한자를 포함하고 있습니다.

• 아래의 출제유형 기준표는 기본 자료로서 출제자의 의도에 따라 약간의 차이가 있을수 있습니다.

유형별 출제문항수	1급	2급	3급	3급II	4급	4급II	5급	6급	6급II	7급	8급
읽기 배정한자	3,500	2,355	1,817	1,500	1,000	750	500	300	300	150	50
쓰기 배정한자	2,005	1,817	1,000	750	500	400	300	150	50	0	0
독음	50	45	45	45	30	35	35	33	32	32	24
훈음	32	27	27	27	22	22	23	22	29	30	24
장단음	10	5	5	5	5	0	0	0	0	0	0
반의어	10	10	10	10	3	3	3	3	2	2	0
완성형	15	10	10	10	5	5	4	3	2	2	0
부수	10	5	5	5	3	3	0	0	0	0	0
동의어	10	5	5	5	3	3	3	2	0	0	0
동음이의어	10	5	5	5	3	3	3	2	0	0	0

유형별 출제문항수	1급	2급	3급	3급II	4급	4급II	5급	6급	6급II	7급	8급
뜻풀이	10	5	5	5	3	3	3	2	2	2	0
약자	3	3	3	3	3	3	3	0	0	0	0
한자쓰기	40	30	30	30	20	20	20	20	10	0	0

급수	수준 및 특성
8급	읽기 50자, 쓰기 없음
7급	읽기 150자, 쓰기 없음
6급II	읽기 300자, 쓰기 50자
6급	읽기 300자, 쓰기 150자
5급	읽기 500자, 쓰기 300자
4급II	읽기 750자, 쓰기 400자
4급	읽기 1,000자, 쓰기 500자
3급II	읽기 1,500자, 쓰기 750자
3급	읽기 1,817자, 쓰기 1,000자
2급	읽기 2,355자, 쓰기 1,817자
1급	읽기 3,500자, 쓰기 2,005자

■ 한자능력검정시험 합격자에게 주어지는혜택

1. 국가자격 취득자와 동등한 대우 및 혜택

(사)한국어문회 시행 한자능력검정 급수 중 1급~3급II는 국가공인 자격증으로 공무원시험 가산제도, 대학의 학점인정, 대입수시 및 특별전형 자료등 다양한 방식으로 활용되며 국가자

격 취득자와 동등한 대우 및 혜택을 받습니다.

　또한 교육인적자원부 훈령에따라 초·중·고 생활기록부의 자격증 및 인증취득 상황란에 기록되고 입시에 활용되며, 4급 ~8급은 교육급수로 국가 공인자격증을 취득하기 위한 전단계 학습과정으로 세부 능력 및 특기사항에 기재할 수 있습니다.

1장

한자의 형성과 발전 과정

한자의 형성

한사의 빌진과징

◈ 한자의 형성

한자의 생성 과정에 대해서는 여러가지 설이 있다.

한자는 창힐이라는 사람이 짐승의 발자국 모양에서 암시를 받아 처음 만들었다.

문자를 만들기 전에는 결승이 널리 사용되고, 이후 부계기사 방법(목판위에 부호를 새겨서 증표로 삼은것)이 쓰여졌다.

문자창제의 시작은 어떤 사물이나 약속, 개념을 나타내기 위한 묘사였으며, 초기 문자는 사물을 구체적으로 그려서 표현한 도화 방법에서 출발하여 점차 쓰기 간편하게 정리하고 보완하여 추상적인 개념과 사고를 나타내는 형태로 발전하였으며 또한 구체적인 언어를 표현할수 있도록 함으로써 문자는 비로소 만들어지게 되었다.

◈ 한자의 발전과정

1. 갑골문 甲骨文

중국 최고의 문자는 은왕조의 갑골문이다.

갑골문은 거북의 등 껍질이나 소의 견갑골 또는 짐승의 뼈에 새긴 문자를 말하며, 계문, 복사, 귀갑문자, 등으로도 부른다.

1899년 고문자 학자인 왕의영이 하남성 안양현 소둔촌의 한의원에서 처음 발견하였다.

갑골문은 은왕조가 반경14년(기원전 1390년 전후) 안양으로 천도한 후부터 멸망하기 까지의 (기원전 1120년 전후) 약 270년 동안의 기록이다.

내용은 왕실의 제사, 부족간 전쟁, 수렵, 질병, 강수량, 길흉, 그 밖에 자연현상과 인사에 관한기록 등이다.

2. 금문 金文

은왕조가 멸망하고 주왕조가 들어서면서부터 사회제도의 변화와 발달로 인해 동기의 제작이 성행하게 되었으며 따라서 갑골문은 쇄퇴하고 동기를 이용한 주조형태로 발전하였다.

금문은 은주시대 청동기 위에 새긴 문자를 말하는데 길금문자 또는 이기문자라고도 한다.

청동기위에 새긴문자를 통징하여 넝문이라고도 한다.

3. 전서 篆書

전서는 대전과 소전으로 나뉘어진다.

진시황제(BC246~BC210)가 천하를 통일한 후 승상 이사가 진나라에서 쓰여지던 문자와 주변 6국의 문자를 모두 폐지하고 대전을 근거로하여 번잡한 것을 정리하여 간편하게 쓰기 좋도록 고쳐서 문자를 통일하게 되었다.

이것을 소전이라고 하고 소전이 만들어지기 이전의 글자 즉 자체통일 이전의 글자를 대전이라고 한다.

4. 예서 隸書

예서는 좌서, 사서라고도 부르며 소전의 뒤를이어 사용 되었다.

전서의 복잡한 필획과 결구를 간결하게 정리하여 만들었으며, 진시황제때 하규사람 정막이 만들었다고 한다.

자형의 특징은 매 글자마다 파책이 들어있는 것이다.

5. 해서 楷書 · 행서 行書 · 초서 草書

이 후 문자는 대체적으로 해서, 행서, 초서의 형태로 정립되었으며, 해서는 예서의 파책과 필세를 고쳐서 만들어졌으며, 자형이 방정하고, 규칙적이며 균형감이 있어서 모범이 되는 글씨로 발생이 후부터 오늘에 이르기까지 널리 사용되고 있다.

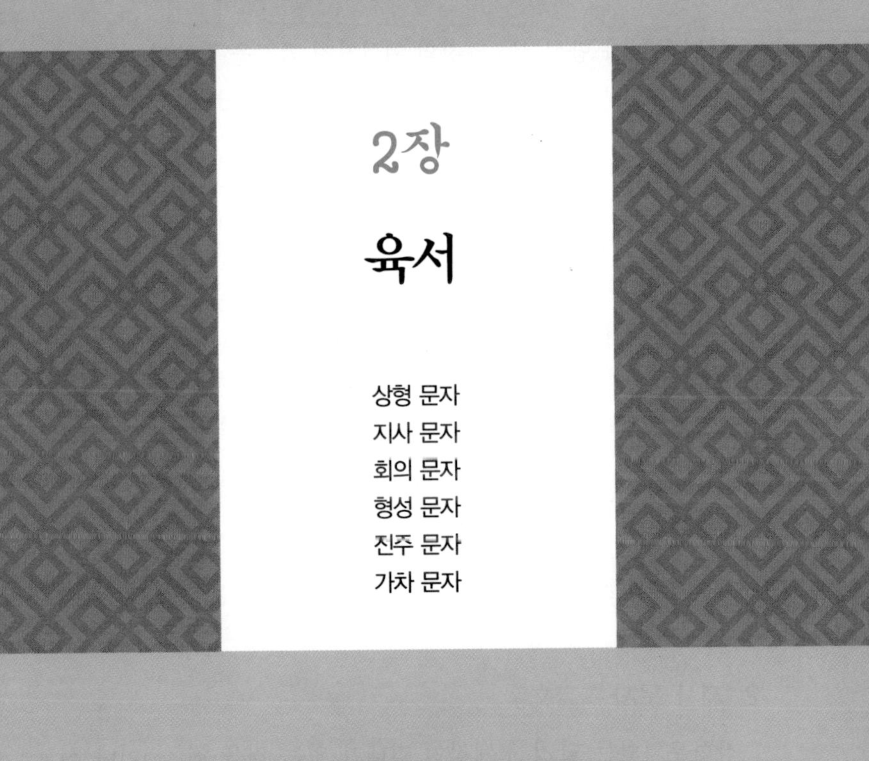

2장

육서

상형 문자
지사 문자
회의 문자
형성 문자
진주 문자
가차 문자

◈ 육서六書의 이해

육서는 문자가 형성되는 과정의 여섯가지 법칙을 뜻하며
상형문자, 지사문자, 회의문자, 형성문자, 전주문자, 가차문자를
말한다.

1. 상형 문자 象形文字

사물의 모양을 선이나 그림으로 그려서 보면 바로 그 뜻을 알수
있도록 만들어진 글자이다.

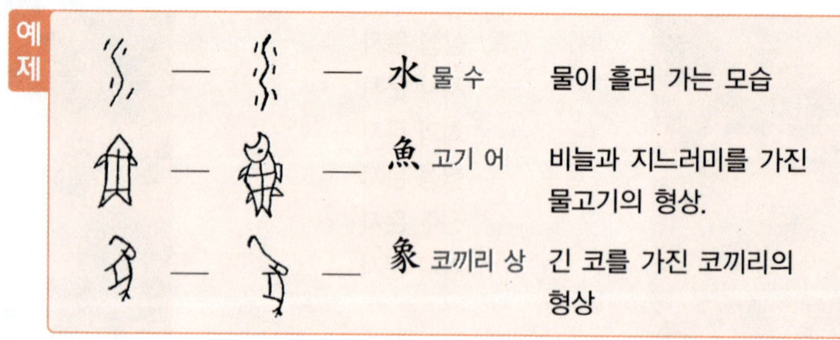

2. 지사 문자 指事文字

상형문자와는 달리 구체적인 형태가 없는 것을 점(·)이나 선
(一)등 부호로 표현한 글자이다.

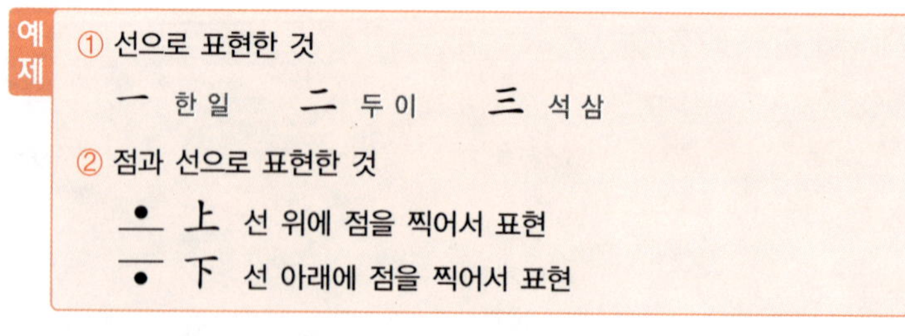

3. 회의 문자 會意文字

　이미 만들어진 두 개 이상의 글자를 합쳐서 새로운 뜻을 가진 글자로 만들어 진 것.

① 亻 사람 인	+	立 설립	–	位 자리 위
② 日 날 일	+	月 달 월	–	明 밝을 명
③ 亻 사람 인	+	戈 창 과	–	伐 칠 벌

4. 형성 문자 形聲文字

　뜻을 나타내는 글자와 소리를 나타내는 글자가 결합하여 새로운 뜻을 가진 글자로 만들어진 것. 한자의 야 80%를 차지한다.

① 其 그 기	+	月 달 월	–	期 기약할 기
② 言 말씀 언	+	式 법 식	–	試 시험할 시
③ 女 계집 녀	+	口 입 구	–	如 같을 여

5. 전주 문자 轉注文字

　이미 만들어진 글자에서 글자 자체는 변하지 않으면서 다른 음과 뜻으로 사용되는 글자이다.

① 北 북녘 북	北韓 북한	北 달아날 배	敗北 패배
② 省 살필 성	反省 반성	省 덜 생	省略 생략
③ 參 참여할 참	參加 참가	參 석 삼	參百 삼백

6. 가차 문자 假借文字

　이미 만들어진 글자에서 그 글자가 지닌 본래의 뜻과는 상관없이 모양이나 음을 빌려서 사용하는 글자이다. 주로 외국어를 표현하는데 쓰인다.

예제	외국어	한 글	한 자		한글
	① ASIA	아시아	亞細亞	←	아세아
	② INDIA	인디아	印度	←	인도

3장

한자의 필순

◆ 한자를 쓸때의 바른 순서를 필순이라고 하며 한자를 구성하고 있는 선과 점 하나하나를 획이라고 한다.

1. 위에서부터 아래로 써 내려간다.

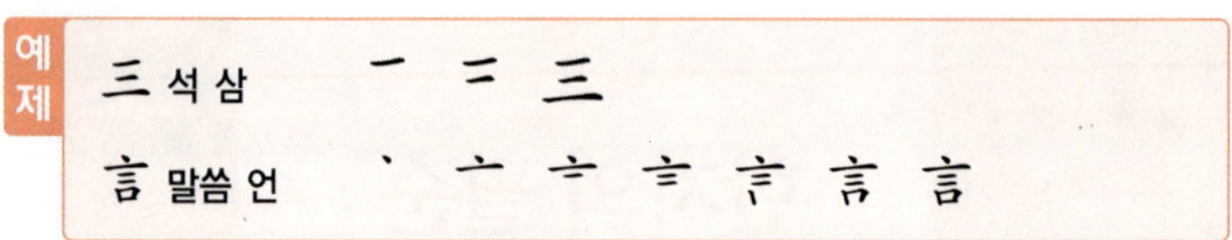

2. 왼쪽에서 오른쪽으로 써 나간다.

3. 가로획과 세로획이 교차할때는 보통 가로획을 먼저 쓴다.

4. 글자의 구성이 좌우 대칭일때는 가운데 획을 먼저 쓴다.

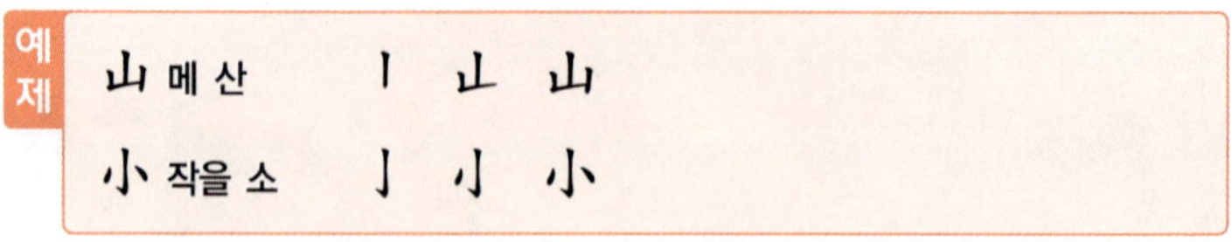

5. 안을 둘러싸고 있는 획은 바깥쪽을 먼저 쓴다.

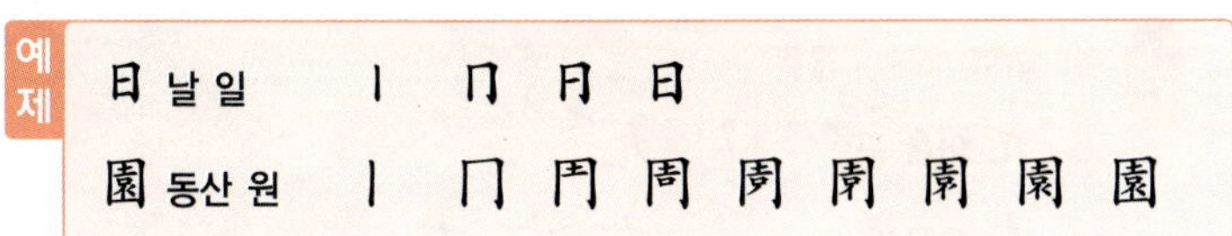

6. 글자 전체를 꿰뚫는 획은 맨 나중에 쓴다.

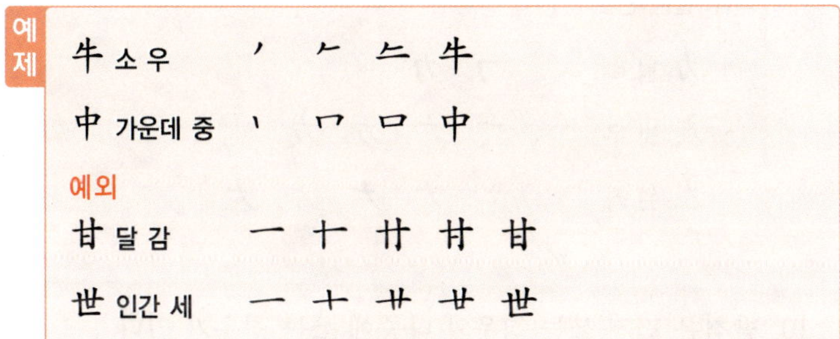

7. 오른쪽 위의 점은 맨 나중에 찍는다.

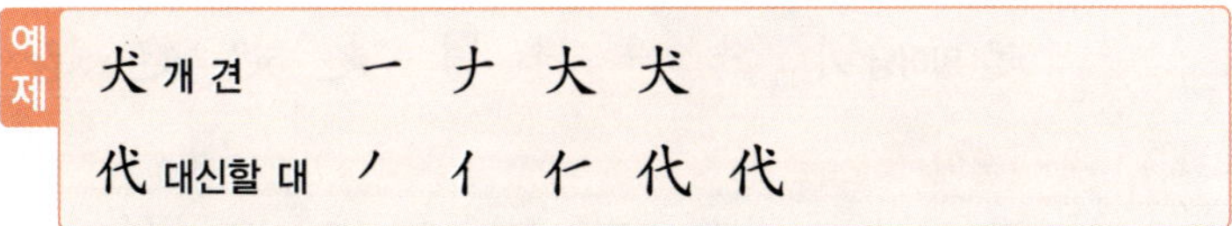

8. 삐침과 파임이 교차할 때는 삐침을 먼저 쓴다.

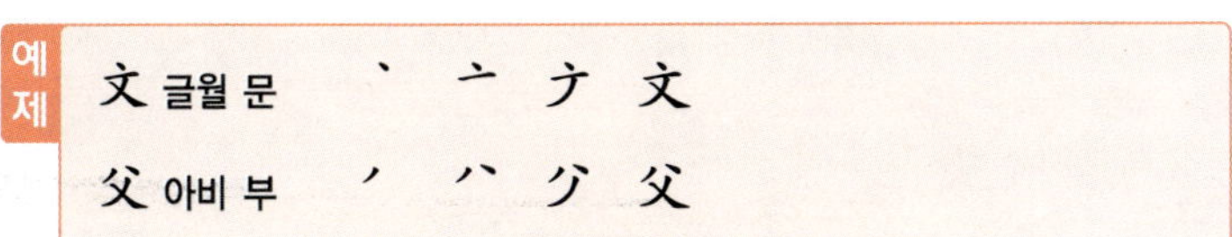

9. 삐침은 먼저 쓰는 경우와 나중에 쓰는 경우가 있다.

1) 먼저 쓰는 경우

九 아홉 구　　　丿　九

右 오른 우　　　丿　ナ　右　右

有 있을 유　　　丿　ナ　右　有　有

2) 나중에 쓰는 경우

力 힘 력　　　フ　力

友 벗 우　　　一　ナ　方　友

左 왼 좌　　　一　ナ　ナ　ナ　左

10. 받침은 먼저 쓰는 경우와 나중에 쓰는 경우가 있다.

1) 먼저 쓰는 경우

克 이길 극　　　一　十　占　古　克　克　克

起 일어날 기　　　土　キ　キ　走　走　起　起　起

2) 나중에 쓰는 경우

過 지날 과　　　冂　冋　呙　咼　過　過　過

道 길 도　　　丷　䒑　쏘　首　首　首　道　道

4장

부수

부수의 명칭
부수 익히기
기본 부수 · 변형 부수

부수란 한자를 분류할 때 그 기준 역활을 하며 옥편에서 쉽게 찾을 수 있게 한 것이다.

◈ 부수의 명칭

1. 변 - 부수가 글자의 왼쪽에 있는 것

亻사람인변 / 代 대신할대 佛 부처불   彳두인변 / 待 기다릴대 後 뒤후

牛 소우변 / 物 만물물 特 특별할특   禾 벼화변 / 科 과목과 秋 가을추

2. 방 - 부수가 글자의 오른쪽에 있는 것

刂 선칼도방 / 利 이할리 前 앞전   阝우부방 / 邱 언덕구 部 떼부

欠 하품흠 / 歌 노래가 歡 기쁠환   攵 등글월문 / 敎 가르칠교 數 셈수

3. 머리 · 두 - 부수가 글자의 위쪽에 있는 것

亠 돼지해머리 / 交 사귈교 亦 또 역   宀 갓머리 / 家 집가 實 열매실

癶 필발머리 / 登 오를등 發 필 발   竹 대죽머리 / 第 차례제 答 대답답

4. 발 · 다리 - 부수가 글자의 밑쪽에 있는 것

儿 어진사람인 / 元 으뜸원 兄 맏형   灬 연화발 / 無 없을무 然 그럴연

5. **받침** - 부수가 글자의 왼쪽과 밑을 싸고 있는 것

> 廴 민책받침 / 建 세울건 延 늘일연   辶 책받침 / 道 길도 週 주일주

6. **엄호** - 부수가 글자의 위와 왼쪽 또는 오른쪽을 덮고 있는 것

> 厂 민엄호 / 原 근원원 厚 두터울후   广 엄호엄 / 床 평상상 店 가게점
> 尸 주검시 / 居 살거 屋 집옥   虍 범호 / 處 곳처 號 이름호

7. **몸** - 부수가 글자의 둘레를 에워싸고 있는 것

> 凵 위튼입구몸 / 凶 흉할흉 出 날출   囗 큰입구몸 / 國 나라국 四 넉사

8. **제부수** - 글자 자체가 부수인 것

> 水 물수 / 水路 수로 水平 수평   自 스스로자 / 自首 자수 自然 자연

◈ 부수 익히기

1획

1	一	한일	2	丨	뚫을곤	3	丶	점
4	丿	삐침	5	乙	새을	6	亅	갈고리궐

번호	부수	이름	번호	부수	이름	번호	부수	이름
7	二	두이	8	亠	돼지해머리	9	人	사람인
10	亻	사람인변	11	儿	어진사람인	12	入	들입
13	八	여덟팔	14	冂	멀경몸	15	冖	민갓머리 덮을멱
16	冫	이수변 얼음빙	17	几	안석궤	18	凵	위튼입구몸 입벌릴감
19	刀	칼도	20	刂	선칼도방	21	力	힘력
22	勹	쌀포	23	匕	비수비	24	匚	터진입구몸 상자방
25	匸	감출혜몸	26	十	열십	27	卜	점복
28	卩	병부절방	29	厂	민엄호 굴바위엄	30	厶	마늘모 사사로울사
31	又	또우						

번호	부수	이름	번호	부수	이름	번호	부수	이름
32	口	입구	33	囗	큰입구몸 에울위	34	土	흙토
35	士	선비사	36	夂	뒤져서올치	37	夊	천천히걸을쇠
38	夕	저녁석	39	大	큰대	40	女	계집녀
41	子	아들자	42	宀	갓머리, 집면	43	寸	마디촌
44	小	작을소	45	尢兀尣	절름발이왕	46	尸	주검시
47	尐	왼손좌	48	山	뫼산	49	川	개미허리 내천
50	工	장인공	51	己	몸기	52	巾	수건건

53	干	방패간	54	幺	작을요	55	广	엄호엄 바위집엄
56	廴	민책받침 길게걸을인	57	廾	스물입발 받들공	58	弋	주살익
59	弓	활궁	60	彐彑	터진가로왈 돼지머리계	61	彡	터럭삼
62	彳	두인변 걸을척	63	忄	심방변	64	扌	재방변
65	氵	삼수변	66	犭	개사슴록변	67	阝	좌부변 우부방

4획

68	心	마음심	69	戈	창과	70	戶	지게문호
71	手	손수	72	支	지탱할지	73	攴	칠복
74	攵	등글월문	75	文	글월문	76	斗	말두
77	斤	근근, 도끼근	78	方	모방	79	无旡	없을무 이미기방
80	日	날일	81	曰	가로왈	82	月	달월
83	木	나무목	84	欠	하품흠	85	止	그칠지
86	歹歺	죽을사변 뼈앙상할알	87	殳	갖은등글월문 칠수	88	毋	말무
89	比	견줄비	90	毛	터럭모, 털모	91	氏	성씨씨
92	气	기운기엄	93	水	물수	94	火	불화
95	灬	연화발	96	爪	손톱조	97	父	아비부
98	爻	점괘효, 사귈효	99	爿	장수장변	100	片	조각편
101	牙	어금니아	102	牛	소우변	103	犬	개견

| 104 | 耂(老) | 늙을로엄 | 105 | 王(玉) | 구슬옥변 | 106 | 艹 | 초두머리 |
| 107 | 辶(辵) | 책받침
쉬엄쉬엄갈착 | | | | | | |

5획

108	玄	검을현	109	瓜	오이과	110	瓦	기와와
111	甘	달감	112	生	날생	113	用	쓸용
114	田	밭전	115	疋	필필, 발소	116	疒	병질엄 병들어기댈녁
117	癶	필발머리 걸을발	118	白	흰백	119	皮	가죽피
120	皿	그릇명	121	目	눈목	122	矛	창모
123	矢	화살시	124	石	돌석	125	示(礻)	보일시
126	内	짐승발자국유	127	禾	벼화	128	穴	구멍혈
129	立	설립	130	衤	옷의변			

6획

131	竹(⺮)	대죽	132	米	쌀미	133	糸	실사
134	缶	장군부	135	网罒	그물망	136	羊	양양
137	羽	깃우	138	而	말이을이	139	耒	쟁기뢰
140	耳	귀이	141	聿	오직률, 붓률	142	肉(月)	고기육 육달월
143	臣	신하신	144	自	스스로자	145	至	이를지

146	臼	절구구	147	舌	허설	148	舛	어기어질천
149	舟	배주	150	艮	그칠간	151	色	빛색
152	艸	풀초	153	虍	범호	154	虫	벌레충
155	血	피혈	156	行	다닐행	157	衣	옷의
158	襾	덮을아						

7획

159	見	볼견	160	角	뿔각	161	言	말씀언
162	谷	골곡	163	豆	콩두	164	豕	돼지시
165	豸	발없는벌레치	166	貝	조개패	167	赤	붉을적
168	走	달릴주	169	足	발족	170	身	몸신
171	車	수레거·차	172	辛	매울신	173	辰	별진
174	邑	고을읍	175	酉	닭유	176	采	분별할변
177	里	마을리						

8획

178	金	쇠금	179	長镸	긴장	180	門	문문
181	阜	언덕부	182	隶	밑이	183	隹	새추
184	雨	비우	185	靑	푸를청	186	非	아닐비

187	面	낯면	188	革	가죽혁	189	韋	다룬가죽위
190	韭	부추구	191	音	소리음	192	頁	머리혈
193	風	바람풍	194	飛	날비	195	食(飠)	밥식
196	首	머리수	197	香	향기향			

198	馬	말마	199	骨	뼈골	200	高	높을고
201	髟	터럭발 머리늘일표	202	鬥	싸울 투	203	鬯	울창술창
204	鬲	오지병격 다리굽은솥력	205	鬼	귀신귀			

206	魚	물고기어	207	鳥	새조	208	鹵	소금밭로
209	鹿	사슴록	210	麥	보리맥	211	麻	삼마

212	黃	누를황	213	黍	기장서	214	黑	검을흑
215	黹	바느질할치						

13획

216	黽	맹꽁이맹	217	鼎	솥정	218	鼓	북고
219	鼠	쥐서						

14획

220	鼻	코비	221	齊	가지런할제		

15획

222	齒	이치

16획

223	龍	용룡	224	龜	거북귀 땅이름구

17획

225	龠	피리약

◈ 기본부수 · 변형부수

人	사람인	亻	사람인	示	보일시	礻	보일시변
刀	칼도	刂	선칼도	竹	대죽	竹	대죽머리
犬	개견	犭	개사슴록	老	늙을로	耂	늙을로엄
心	마음심	忄	심방변	肉	고기육	月	육달월
手	손수	扌	재방변	衣	옷의	衤	옷의변
水	물수	氵	삼수변	邑	고을읍	阝	우부방
攴	칠복	攵	등글월문	足	발족	𧾷	발족변
火	불화	灬	연화발	阜	언덕부	阝	좌부변
玉	구슬옥	王	임금왕	食	밥식	𩙿	밥식

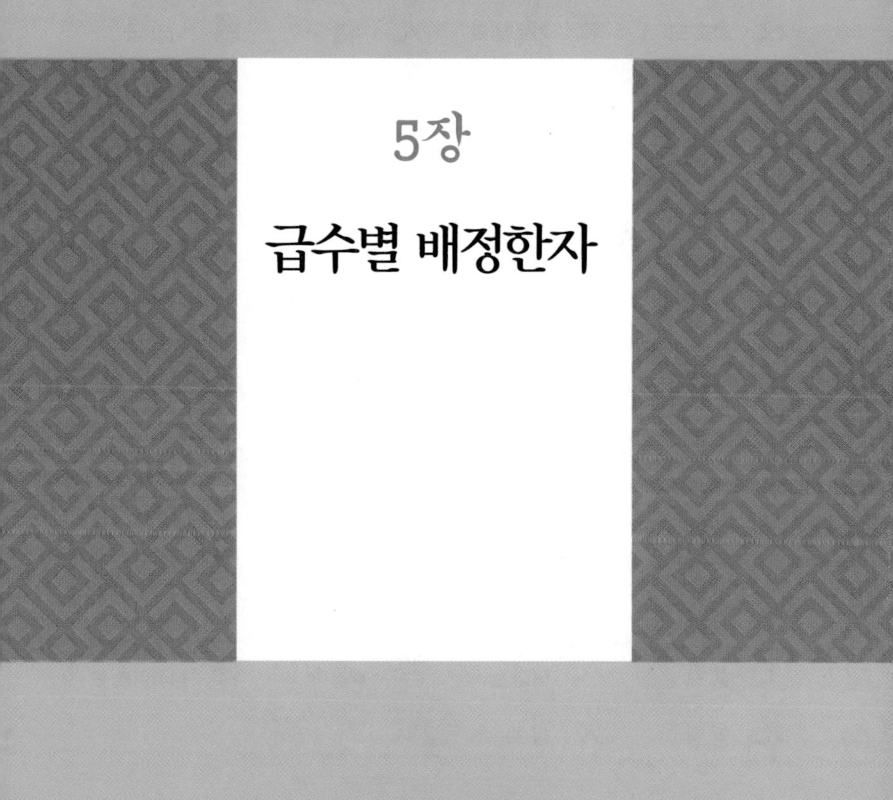

급수별 배정한자

8급 · 50字

校	학교 교	教	가르칠 교	九	아홉 구	國	나라 국
軍	군사 군	金	쇠 금, 성 김	南	남녘 남	女	계집 녀
年	해 년	大	큰 대	東	동녘 동	六	여섯 륙
萬	일만 만	母	어미 모	木	나무 목	門	문 문
民	백성 민	白	흰 백	父	아비 부	北	북녘 북 달아날 배
四	넉 사	山	뫼 산	三	석 삼	生	날 생
西	서녘 서	先	먼저 선	小	작을 소	水	물 수
室	집 실	十	열 십	五	다섯 오	王	임금 왕
外	바깥 외	月	달 월	二	두 이	人	사람 인
一	한 일	日	날 일	長	긴 장	弟	아우 제
中	가운데 중	靑	푸를 청	寸	마디 촌	七	일곱 칠
土	흙 토	八	여덟 팔	學	배울 학	韓	나라이름 한
兄	맏 형	火	불 화				

7급 · 100字

家	집 가	歌	노래 가	間	사이 간	江	강 강
車	수레 거 수레 차	工	장인 공	空	빌 공	口	입 구
氣	기운 기	記	기록할 기	旗	기 기	男	사내 남

內	안 내	農	농사 농	答	대답 답	道	길 도
冬	겨울 동	同	한가지 동	洞	골 동, 통할 통	動	움직일 동
登	오를 등	來	올 래	力	힘 력	老	늙을 로
里	마을 리	林	수풀 림	立	설 립	每	매양 매
面	낯 면	名	이름 명	命	목숨 명	文	글월 문
問	물을 문	物	만물 물 물건 물	方	모 방	百	일백 백
夫	지아비 부	不	아닐 불	事	일 사	算	셈할 산
上	위 상	色	빛 색	夕	저녁 석	姓	성 성
世	인간 세	少	적을 소 젊을 소	所	바 소	手	손 수
數	셈 수 자주 삭	市	저자 시	時	때 시	食	밥 식 먹을 식
植	심을 식	心	마음 심	安	편안 안	語	말씀 어
然	그럴 연	午	낮 오	右	오른 우	有	있을 유
育	기를 육	邑	고을 읍	入	들 입	子	아들 자
字	글자 자	自	스스로 자	場	마당 장	全	온전 전
前	앞 전	電	번개 전	正	바를 정	祖	할아비 조
足	발 족	左	왼 좌	主	주인 주 임금 주	住	살 주
重	무거울 중	地	땅 지	紙	종이 지	直	곧을 직
川	내 천	千	일천 천	天	하늘 천	草	풀 초
村	마을 촌	秋	가을 추	春	봄 춘	出	날 출

便	편할 편 똥 · 오줌 변	平	평평할 평	下	아래 하	夏	여름 하
漢	한수 한 나라이름 한	海	바다 해	花	꽃 화	話	말할 화
活	살 활	孝	효도 효	後	뒤 후	休	쉴 휴

6급 · 150字

各	각각 각	角	뿔 각	感	느낄 감	强	강할 강
開	열 개	京	서울 경	界	지경 계	計	셀 계
古	옛 고	苦	괴로울 고 쓸 고	高	높을 고	公	공평할 공
共	함께 공	功	공 공	果	열매 과 실과 과	科	과목 과
光	빛 광	交	사귈 교	區	구분할 구	球	구슬 구 공 구
郡	고을 군	近	가까울 근	根	뿌리 근	今	이제 금
急	급할 급	級	등급 급	多	많을 다	短	짧을 단
堂	집 당	代	대신할 대	對	대할 대 대답할 대	待	기다릴 대
度	법도 도 헤아릴 탁	圖	그림 도	讀	읽을 독	童	아이 동
頭	머리 두	等	무리 등	樂	즐길 락 풍류 악	例	법식 례
禮	예도 례	路	길 로	綠	푸를 록	利	이할 리
李	오얏 리	理	다스릴 리	明	밝을 명	目	눈 목
聞	들을 문	米	쌀 미	美	아름다울 미	朴	순박할 박 성 박
反	돌이킬 반	半	반 반	班	나눌 반	發	필 발

放	놓을 방	番	차례 번	別	다를 별	病	병들 병
服	옷 복	本	근본 본	部	떼 부	分	나눌 분
死	죽을 사	使	하여금 사 부릴 사	社	모일 사	書	글 서
石	돌 석	席	자리 석	線	줄 선	雪	눈 설
成	이룰 성	省	살필 성 덜 생	消	끌 소 사라질 소	速	빠를 속
孫	손자 손	樹	나무 수	術	재주 술	習	익힐 습
勝	이길 승	始	처음 시	式	법 식	身	몸 신
信	믿을 신	神	귀신 신	新	새 신	失	잃을 실
愛	사랑 애	夜	밤 야	野	들 야	弱	약할 약
藥	약 약	洋	큰바다 양	陽	볕 양	言	말씀 언
業	업 업	永	길 영	英	꽃부리 영	溫	따뜻할 온
用	쓸 용	勇	날랠 용	運	옮길 운	園	동산 원
遠	멀 원	由	말미암을 유	油	기름 유	銀	은 은
音	소리 음	飮	마실 음	衣	옷 의	意	뜻 의
醫	의원 의	者	놈 자	作	지을 작	昨	어제 작
章	글 장	才	재주 재	在	있을 재	戰	싸움 전
定	정할 정	庭	뜰 정	第	차례 제	題	제목 제
朝	아침 조	族	겨레 족	注	물댈 주	晝	낮 주
集	모을 집	窓	창 창	淸	맑을 청	體	몸 체

親	친할 친	太	클 태	通	통할 통	特	특별할 특
表	겉 표	風	바람 풍	合	합할 합	幸	다행 행
行	다닐 행 항렬 항	向	향할 향	現	나타날 현	形	모양 형
號	부르짖을 호 이름 호	和	화할 화	畫	그림 화 그을 획	黃	누를 황
會	모을 회 모일 회	訓	가르칠 훈				

5급 · 200字

加	더할 가	可	옳을 가	價	값 가	改	고칠 개
客	손 객	去	갈 거	擧	들 거	件	물건 건
建	세울 건	健	굳셀 건	格	격식 격	見	볼 견
決	결단할 결	結	맺을 결	景	볕 경	敬	공경 경
輕	가벼울 경	競	다툴 경	考	상고할 고	告	알릴 고
固	굳을 고	曲	굽을 곡	過	지날 과	課	공부 과
關	빗장 관 관계할 관	觀	볼 관	廣	넓을 광	橋	다리 교
具	갖출 구	救	구원할 구	舊	예 구	局	판 국
貴	귀할 귀	規	법 규	給	줄 급	己	몸 기
汽	물 끓는김 기	技	재주 기	基	터 기	期	기약할 기
吉	길할 길	念	생각 념	能	능할 능	團	둥글 단
壇	단 단	談	말씀 담	當	마땅할 당	德	큰 덕

到	이를 도	島	섬 도	都	도읍 도	獨	홀로 독
落	떨어질 락	朗	밝을 랑	冷	찰 랭	良	어질 량
量	헤아릴 량	旅	나그네 려	歷	지낼 력	練	익힐 련
令	명령할 령	領	거느릴 령	勞	일할 로	料	헤아릴 료
流	흐를 류	類	무리 류	陸	뭍 륙	馬	말 마
末	끝 말	亡	망할 망	望	바랄 망	買	살 매
賣	팔 매	無	없을 무	倍	곱 배	法	법 법
變	변할 변	兵	병사 병	福	복 복	奉	받들 봉
比	견줄 비	費	쓸 비	鼻	코 비	氷	얼음 빙
士	선비 사	史	역사 사	仕	섬길 사	思	생각 사
査	조사할 사	寫	베낄 사	産	낳을 산	相	서로 상
商	장사 상	賞	상줄 상	序	차례 서	仙	신선 선
船	배 선	善	착할 선	選	가릴 선	鮮	고울 선
說	말씀 설 달랠 세, 기쁠 열	性	성품 성	洗	씻을 세	歲	해 세
束	묶을 속	首	머리 수	宿	잘 숙	順	순할 순
示	보일 시	識	알 식	臣	신하 신	實	열매 실
兒	아이 아	惡	악할 악 미워할 오	案	책상 안	約	맺을 약
養	기를 양	魚	고기 어	漁	고기잡을 어	億	억 억
熱	더울 열	葉	잎 엽	屋	집 옥	完	완전할 완

漢字	訓音	漢字	訓音	漢字	訓音	漢字	訓音
要	구할 요	曜	빛날 요	浴	목욕할 욕	友	벗 우
牛	소 우	雨	비 우	雲	구름 운	雄	수컷 웅
元	으뜸 원	院	집 원	原	근원 원	願	원할 원
位	자리 위	偉	훌륭할 위	以	써 이	耳	귀 이
因	인할 인	任	맡길 임	再	두 재	材	재목 재
災	재앙 재	財	재물 재	爭	다툴 쟁	貯	쌓을 저
赤	붉을 적	的	과녁 적	典	법 전	展	펼 전
傳	전할 전	切	끊을 절 온통 체	節	마디 절	店	가게 점
停	머무를 정	情	뜻 정	調	고를 조	操	잡을 조
卒	군사 졸 마칠 졸	終	마칠 종	種	씨 종	罪	허물 죄
州	고을 주	週	주일 주	止	그칠 지	知	알 지
質	바탕 질	着	붙을 착	參	참여할 참 석 삼	唱	노래할 창
責	꾸짖을 책	鐵	쇠 철	初	처음 초	最	가장 최
祝	빌 축	充	채울 충	致	이를 치	則	법칙 칙 곧 즉
他	다를 타	打	칠 타	卓	높을 탁	炭	숯 탄
宅	집 택, 댁	板	널 판	敗	패할 패	品	물건 품
必	반드시 필	筆	붓 필	河	물 하	寒	찰 한
害	해할 해	許	허락할 허	湖	호수 호	化	될 화
患	근심 환	效	본받을 효	凶	흉할 흉	黑	검을 흑

假	거짓 가	街	거리 가	減	덜 감	監	볼 감
康	편안할 강	講	욀 강	個	낱 개	檢	검사할 검
缺	이지러질 결	潔	깨끗할 결	經	지날 경	境	지경 경
慶	경사 경	警	경계할 경	係	맬 계	故	연고 고
攻	칠 공	官	벼슬 관	句	글귀 구, 귀	求	구할 구
究	연구할 구	宮	집 궁	權	권세 권	極	다할 극
禁	금할 금	起	일어날 기	器	그릇 기	暖	따뜻할 난
難	어려울 난	努	힘쓸 노	怒	성낼 노	單	홀 단
端	끝 단	檀	박달나무 단	斷	끊을 단	達	통달할 달
擔	멜 담	黨	무리 당	帶	띠 대	隊	무리 대
導	인도할 도	毒	독 독	督	감독할 독	銅	구리 동
斗	말 두	豆	콩 두	得	얻을 득	燈	등 등
羅	벌일 라	兩	두 량	麗	고울 려	連	이을 련
列	벌일 렬	錄	기록할 록	論	의논할 론	留	머무를 류
律	법 률	滿	찰 만	脈	줄기 맥	毛	털 모
牧	칠 목	武	군사 무	務	힘쓸 무	未	아닐 미
味	맛 미	密	빽빽할 밀	博	넓을 박	防	막을 방
房	방 방	訪	찾을 방	背	등 배	拜	절 배

配	짝 배	伐	칠 벌	罰	벌줄 벌	壁	벽 벽
邊	가 변	步	걸음 보	保	지킬 보	報	갚을 보
寶	보배 보	復	회복할 복 다시 부	府	관청 부	婦	며느리 부
副	버금 부	富	부자 부	佛	부처 불	非	아닐 비
飛	날 비	悲	슬플 비	備	갖출 비	貧	가난할 빈
寺	절 사	舍	집 사	師	스승 사	謝	사례할 사
殺	죽일 살 감할 쇄	床	평상 상	狀	형상 상 문서 장	常	떳떳할 상
想	생각 상	設	베풀 설	星	별 성	城	재 성
盛	성할 성	聖	성인 성	誠	정성 성	聲	소리 성
細	가늘 세	稅	세금 세	勢	기세 세	素	흴 소
笑	웃을 소	掃	쓸 소	俗	풍속 속	續	이을 속
送	보낼 송	守	지킬 수	收	거둘 수	受	받을 수
修	닦을 수	授	줄 수	純	순수할 순	承	이을 승
是	이 시 옳을 시	施	베풀 시	視	볼 시	詩	시 시
試	시험할 시	息	숨쉴 식	申	아뢸 신	深	깊을 심
眼	눈 안	暗	어두울 암	壓	누를 압	液	진 액
羊	양 양	如	같을 여	餘	남을 여	逆	거스를 역
研	갈 연	煙	연기 연	演	펼칠 연	榮	영화 영
藝	재주 예	誤	그르칠 오	玉	구슬 옥	往	갈 왕

한자	훈음	한자	훈음	한자	훈음	한자	훈음
謠	노래 요	容	얼굴 용	員	수효 원	圓	둥글 원
爲	할 위 위할 위	衛	지킬 위	肉	고기 육	恩	은혜 은
陰	그늘 음	應	응할 응	義	옳을 의	議	의논할 의
移	옮길 이	益	더할 익	引	끌 인	印	도장 인
認	알 인	將	장수 장	障	막을 장	低	낮을 저
敵	대적할 적	田	밭 전	絶	끊을 절	接	이을 접
政	정사 정	程	한도 정 길 정	精	정할 정 깨끗할 정	制	억제할 제
除	덜 제	祭	제사 제	提	끌 제	際	가 제 즈음 제
製	지을 제	濟	건널 제 건질 제	早	이를 조	助	도울 조
造	지을 조 이룰 조	鳥	새 조	尊	높을 존	宗	마루 종
走	달릴 주	竹	대 죽	準	법도 준	衆	무리 중
增	더할 증	支	지탱할 지	至	이를 지	志	뜻 지
指	손가락 지 가리킬 지	職	직책 직	眞	참 진	進	나아갈 진
次	차례 차	察	살필 찰	創	비롯할 창	處	곳 처
請	청할 청	銃	총 총	總	거느릴 총 모두 총	蓄	쌓을 축
築	쌓을 축	忠	충성 충	蟲	벌레 충	取	취할 취
測	잴 측 헤아릴 측	治	다스릴 치	置	둘 치	齒	이 치
侵	침노할 침 범할 침	快	쾌할 쾌	態	모양 태	統	거느릴 통
退	물러날 퇴	波	물결 파	破	깨뜨릴 파	布	베 포, 펼 포

包	쌀 포	砲	대포 포	暴	사나울 폭,포	票	표 표
豊	풍년 풍	限	한정할 한	航	배 항 건널 항	港	항구 항
解	풀 해	香	향기 향	鄕	시골 향	虛	빌 허
驗	시험할 험	賢	어질 현	血	피 혈	協	화활 협
惠	은혜 혜	戶	지게문 호 집 호	呼	부를 호	護	지킬 호 도울 호
貨	재물 화	確	확실할 확	回	돌아올 회	吸	마실 흡 빨 흡
興	일 흥 흥할 흥	希	바랄 희				

4급 · 250字

暇	틈 가 겨를 가	刻	새길 각	覺	깨달을 각	干	방패 간
看	볼 간	簡	대쪽 간	甘	달 감	敢	감히 감
甲	갑옷 갑	降	내릴 강 항복할 항	更	다시 갱 고칠 경	巨	클 거
拒	막을 거	居	살 거	據	근거 거 의지할 거	傑	뛰어날 걸
儉	검소할 검	激	격할 격	擊	칠 격	犬	개 견
堅	굳을 견	傾	기울 경	鏡	거울 경	驚	놀랄 경
戒	경계할 계	系	이을 계	季	계절 계 끝 계	階	섬돌 계
繼	이을 계	鷄	닭 계	孤	외로울 고	庫	곳집 고
穀	곡식 곡	困	곤할 곤	骨	뼈 골	孔	구멍 공
管	대롱 관 주관할 관	鑛	쇳돌 광	構	얽을 구	君	임금 군

群	무리 군	屈	굽을 굴	窮	궁할 궁	券	문서 권
卷	책 권	勸	권할 권	歸	돌아올 귀 돌아갈 귀	均	고를 균
劇	심할 극	筋	힘줄 근	勤	부지런할 근	奇	기이할 기
紀	벼리 기	寄	부칠 기	機	틀 기	納	들일 납
段	층계 단	徒	무리 도	逃	도망할 도	盜	도둑 도
卵	알 란	亂	어지러울 란	覽	볼 람	略	간략할 략
糧	양식 량	慮	생각할 려	烈	매울 렬	龍	용 룡
柳	버들 류	輪	바퀴 륜	離	떠날 리	妹	누이 매
勉	힘쓸 면	鳴	울 명	模	몬늘 모	妙	묘할 묘
墓	무덤 묘	舞	춤출 무	拍	칠 박	髮	터럭 발
妨	방해할 방	犯	범할 범	範	법 범	辯	말잘할 변
普	넓을 보	伏	엎드릴 복	複	겹칠 복	否	아닐 부
負	짐질 부	粉	가루 분	憤	분할 분	批	비평할 비
秘	숨길 비	碑	비석 비	私	사사로울 사	射	쏠 사
絲	실 사	辭	말 사	散	흩을 산	象	코끼리 상
傷	다칠 상	宣	베풀 선	舌	혀 설	屬	붙을 속 부탁할 촉
損	덜 손	松	소나무 송	頌	칭송할 송	秀	빼어날 수
叔	아재비 숙	肅	엄숙할 숙	崇	높일 숭	氏	성씨 씨
額	이마 액	樣	모양 양	嚴	엄할 엄	與	더불어 여 줄 여

易	바꿀 역 쉬울 이	域	지경 역	延	늘일 연	鉛	납 연
緣	인연 연	燃	불탈 연	迎	맞을 영	映	비칠 영
營	경영할 영	豫	미리 예	郵	우편 우	遇	만날 우
優	넉넉할 우	怨	원망할 원	援	도울 원	源	근원 원
危	위태할 위	委	맡길 위	威	위엄 위	圍	둘레 위
慰	위로할 위	乳	젖 유	遊	놀 유	遺	남길 유
儒	선비 유	隱	숨을 은	依	의지할 의	疑	의심할 의
儀	거동 의	異	다를 이	仁	어질 인	姉	손위누이 자
姿	모양 자	資	재물 자	殘	남을 잔	雜	섞일 잡
壯	씩씩할 장	帳	장막 장	張	베풀 장	腸	창자 장
裝	꾸밀 장	奬	장려할 장	底	밑 저	賊	도둑 적
適	맞을 적	積	쌓을 적	績	길쌈 적	籍	문서 적
專	오로지 전	錢	돈 전	轉	구를 전	折	꺾을 절
占	차지할 점 점칠 점	點	점 점	丁	장정 정	靜	고요할 정
整	가지런할 정	帝	임금 제	組	짤 조	條	가지 조
潮	조수 조	存	있을 존	從	따를 종	鍾	쇠북 종
座	자리 좌	朱	붉을 주	周	두루 주	酒	술 주
證	증거 증	持	가질 지	智	슬기 지	誌	기록할 지
織	짤 직	珍	보배 진	陣	진칠 진	盡	다할 진

差	어긋날 차	讚	기릴 찬	採	캘 채	冊	책 책
泉	샘 천	聽	들을 청	廳	관청 청	招	부를 초
堆	밀 추 밀 퇴	縮	오그라들 축	就	나아갈 취	趣	뜻 취
層	층 층	針	바늘 침	寢	잠잘 침	稱	일컬을 칭
彈	탄알 탄 튀길 탄	歎	탄식할 탄	脫	벗을 탈	探	찾을 탐
擇	가릴 택	討	칠 토	痛	아플 통	投	던질 투
鬪	싸울 투	派	갈래 파 보낼 파	判	판단할 판	篇	책 편
評	평론할 평	閉	닫을 폐	胞	세포 포	爆	폭발할 폭
標	표할 표	疲	피곤힐 피	避	피할 피	恨	한할 한
閑	한가할 한	抗	대항할 항	核	씨 핵	憲	법 헌
險	험할 험	革	가죽 혁	顯	나타날 현	刑	형벌 형
好	좋을 호	或	혹시 혹	婚	혼인할 혼	混	섞을 혼
紅	붉을 홍	華	빛날 화	環	고리 환	歡	기쁠 환
況	상황 황	灰	재 회	厚	두터울 후	候	기후 후 조짐 후
揮	휘두를 휘	喜	기쁠 희				

6장

8급·50字
한자 익히기 및
문제풀기

※ 배정한자 위의 점은 장음 표시입니다.

8급 배정한자 50字

한자	훈음	한자	훈음	한자	훈음
一	한 일	大	큰 대	教	가르칠 교
二	두 이	中	가운데 중	室	집 실
三	석 삼	小	작을 소	先	먼저 선
四	넉 사	父	아비 부	生	날 생
五	다섯 오	母	어미 모	女	계집 녀(여)
六	여섯 륙(육)	兄	맏 형·형 형	王	임금 왕
七	일곱 칠	弟	아우 제	軍	군사 군
八	여덟 팔	東	동녘 동	人	사람 인
九	아홉 구	西	서녘 서	靑	푸를 청
十	열 십	南	남녘 남	山	뫼 산
月	달 월	北	북녘 북 달아날 배	門	문 문
火	불 화	萬	일만 만	外	바깥 외
水	물 수	年	해 년(연)	長	긴 장
木	나무 목	韓	나라이름 한	寸	마디 촌
金	쇠 금	國	나라 국	白	흰 백
土	흙 토	學	배울 학	民	백성 민
日	날 일	校	학교 교		

| 1 | 8급 한 **일** | 부수 一 한일 | 총 **1**획 | • 一家 일가 • 一生 일생 |

| 2 | 8급 두 **이** | 부수 二 두이 | 총 **2**획 | • 二世 이세 • 二重 이중 |

<table>
<tr><td>3</td><td>8급</td><td>석 삼</td><td>부수 ㅡ 한일</td><td>총 3획</td><td>·三國 삼국 ·三寸 삼촌</td></tr>
</table>

<table>
<tr><td>4</td><td>8급</td><td>넉 사</td><td>부수 口 큰입구 몸</td><td>총 5획</td><td>·四方 사방 ·四月 사월</td></tr>
</table>

5 | 8급 다섯 **오** | 부수 二 두이 | 총 4획 | ·五月 오월 · 五六月 오뉴월

6 | 8급 여섯 **륙(육)** | 부수 八 여덟 팔 | 총 4획 | ·六十 육십 · 六月 유월

8급 일곱 칠 | 부수 **一** 한일 | 총 **2**획 | •七月 칠월 •七夕 칠석

8 8급 여덟 팔 | 부수 **八** 여덟팔 | 총 **2**획 | •八道 팔도 •八字 팔자

<table><tr><td>9</td><td>8급</td><td>아홉 **구** | 부수 乙 새 을 | 총 2획</td><td>· 九月 구월 · 九泉 구천</td></tr></table>

九

<table><tr><td>10</td><td>8급</td><td>열 **십** | 부수 十 열 십 | 총 2획</td><td>· 十月 시월 · 十年 십년</td></tr></table>

十

| 11 | 8급 달 **월** | 부수 月 달월 | 총 4획 | · 月末 월말 · 月出 월출 |

月

| 12 | 8급 불 **화** | 부수 火 불화 | 총 4획 | · 火氣 화기 · 火災 화재 |

火

| 15 | 8급 | 쇠**금**·성**김** | 부수 金 쇠금 | 총 **8**획 | · 金庫 금고 · 金額 금액 |

| 16 | 8급 | 흙 **토** | 부수 土 흙토 | 총 **3**획 | · 土木 토목 · 土地 토지 |

| 8급 날 **일** | 부수 日 날일 | 총 4획 | · 日記 일기 · 日出 일출 |

| 8급 큰 **대** | 부수 大 큰대 | 총 3획 | · 大氣 대기 · 大小 대소 |

| 19 | 8급 | 가운데 **중** | 부수 **丨** 뚫을 곤 | 총 **4**획 | ·中間 중간 ·中心 중심 |

| 20 | 8급 | 작을 **소** | 부수 **小** 작을소 | 총 **3**획 | ·小心 소심 ·小食 소식 |

兄

弟

1. 다음 한자의 訓훈(뜻)과 흡음(소리)을 쓰세요. [1~24]

一 /	二 /	三 /
四 /	五 /	六 /
七 /	八 /	九 /
十 /	月 /	火 /
水 /	木 /	金 /
土 /	日 /	大 /
中 /	小 /	父 /
母 /	兄 /	弟 /

2. 다음 한자의 訓訓(뜻)과 음음(소리)을 쓰세요. (1~24)

父 /	母 /	兄 /
弟 /	土 /	日 /
大 /	中 /	小 /
月 /	火 /	水 /
木 /	金 /	六 /
七 /	八 /	九 /
十 /	一 /	二 /
三 /	四 /	五 /

◉ 중간 점검 문제 ◉

3. 다음에 알맞은 한자를 쓰세요. (1~24)

한 일 /	두 이 /	석 삼 /
넉 사 /	다섯 오 /	여섯 륙(육) /
일곱 칠 /	여덟 팔 /	아홉 구 /
열 십 /	날 월 /	불 화 /
물 수 /	나무 목 /	쇠 금 성 김 /
흙 토 /	날 일 /	큰 대 /
가운데 중 /	작을 소 /	아비 부 /
어미 모 /	맏 형 형 형 /	아우 제 /

4. 다음에 알맞은 한자를 쓰세요. (1~24)

아비 부 /	어미 모 /	맏 형 / 형 형 /
아우 제 /	흙 토 /	날 일 /
큰 대 /	가운데 중 /	작을 소 /
달 월 /	불 화 /	물 수 /
나무 목 /	쇠 금 / 성 김 /	여섯 륙(육) /
일곱 칠 /	여덟 팔 /	아홉 구 /
열 십 /	한 일 /	두 이 /
석 삼 /	넉 사 /	다섯 오 /

| 25 | 8급 | 동녘 **동** | 부수 **木** 나무 목 | 총 **8**획 | • **東西** 동서 • **東海** 동해 |

| 26 | 8급 | 서녘 **서** | 부수 **西** 덮을 아 | 총 **6**획 | • **西方** 서방 • **西風** 서풍 |

| 27 | 8급 | 남녘 **남** | 부수 **十** 열십 | 총 **9**획 | ·**南北** 남북 ·**南海** 남해 |

南

| 28 | 8급 | 북녘 **북**
달아날 **배** | 부수 **匕** 비수 비 | 총 **5**획 | ·**北門** 북문 ·**北韓** 북한 |

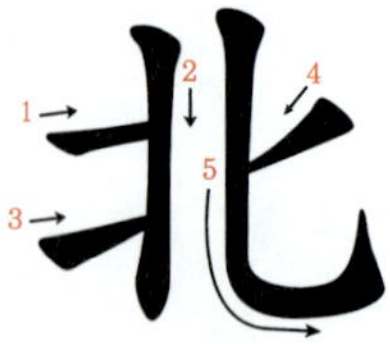

北

 8급 일만 **만** | 부수 ⺿ 초두머리 | 총 **13**획 | • 萬事 만사 • 萬全 만전

30 8급 해 **년(연)** | 부수 干 방패 간 | 총 **6**획 | • 年金 연금 • 年少 연소

<table>
<tr><td>31</td><td>8급</td><td>나라이름 한</td><td>부수 韋 가죽 위</td><td>총 17획</td><td>· 韓國 한국 · 韓食 한식</td></tr>
</table>

<table>
<tr><td>32</td><td>8급</td><td>나라 국</td><td>부수 口 큰입구 몸</td><td>총 11획</td><td>· 國家 국가 · 國旗 국기</td></tr>
</table>

| 35 8급 가르칠 **교** \| 부수 **攵** 등글월문 \| 총 **11**획 | · **教室** 교실 · **教育** 교육 |

| 36 8급 집 **실** \| 부수 **宀** 갓머리 \| 총 **9**획 | · **室内** 실내 · **室外** 실외 |

| 37 | 8급 | 먼저 **선** | 부수 **儿** 어진사람 인 | 총 **6획** | · **先金** 선금 · **先後** 선후 |

| 38 | 8급 | 날 **생** | 부수 **生** 날생 | 총 **5획** | · **生家** 생가 · **生日** 생일 |

| 39 | 8급 | 계집 **녀(여)** \| 부수 **女** 계집 녀 \| 총 **3**획 | • **女人** 여인 • **女子** 여자 |

| 40 | 8급 | 임금 **왕** \| 부수 **王** 임금 왕 \| 총 **4**획 | • **王國** 왕국 • **王子** 왕자 |

| 41 | 8급 | 군사 **군** | 부수 **車** 수레 거 | 총 **9**획 | · **軍歌** 군가 · **軍人** 군인 |

| 42 | 8급 | 사람 **인** | 부수 **人** 사람 인 | 총 **2**획 | · **人間** 인간 · **人口** 인구 |

 푸를 **청** | 부수 **靑** 푸를청 | 총 **8**획 ・**靑年** 청년 ・**靑春** 청춘

 뫼 **산** | 부수 **山** 뫼산 | 총 **3**획 ・**山林** 산림 ・**山村** 산촌

門

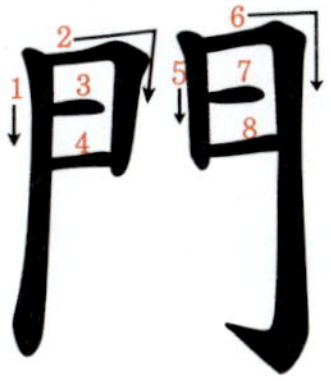

外

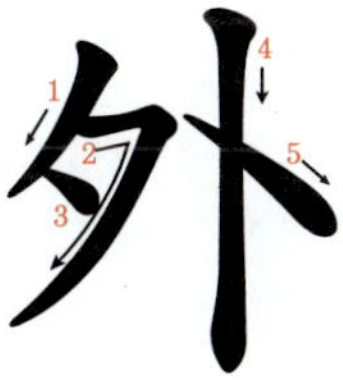

| 47 | 8급 | 긴 **장** | 부수 長 긴장 | 총 8획 | ·長男 장남 ·長短 장단 |

| 48 | 8급 | 마디 **촌** | 부수 寸 마디 촌 | 총 3획 | ·寸數 촌수 ·寸志 촌지 |

1. 다음 한자의 訓訓(뜻)과 音音(소리)을 쓰세요. (25~50)

東 /	西 /	南 /
北 /	萬 /	年 /
韓 /	國 /	學 /
校 /	敎 /	室 /
先 /	生 /	女 /
王 /	軍 /	人 /
靑 /	山 /	門 /
外 /	長 /	寸 /
白 /	民 /	

◉ 중간 점검 문제 ◉

2. 다음 한자의 訓훈(뜻)과 音음(소리)을 쓰세요. [25~50]

外 /	長 /	寸 /
白 /	民 /	軍 /
人 /	靑 /	山 /
門 /	室 /	先 /
生 /	女 /	王 /
韓 /	國 /	學 /
校 /	敎 /	西 /
南 /	北 /	萬 /
年 /	東 /	

3. 다음에 알맞은 한자를 쓰세요. (25~50)

동녘 동 /	서녘 서 /	남녘 남 /
북녘 북 /	일만 만 /	해 년(연) /
나라이름 한 /	나라 국 /	배울 학 /
학교 교 /	가르칠 교 /	집 실 /
먼저 선 /	날 생 /	계집 녀(여) /
임금 왕 /	군사 군 /	사람 인 /
푸를 청 /	뫼 산 /	문 문 /
바깥 외 /	긴 장 /	마디 촌 /
흰 백 /	백성 민 /	

4. 다음에 알맞은 한자를 쓰세요. (25~50)

바깥 외 /	긴 장 /	마디 촌 /
흰 백 /	백성 민 /	군사 군 /
사람 인 /	푸를 청 /	뫼 산 /
문 문 /	집 실 /	먼저 선 /
날 생 /	계집 녀(여) /	임금 왕 /
나라이름 한 /	나라 국 /	배울 학 /
학교 교 /	가르칠 교 /	서녘 서 /
남녘 남 /	북녘 북 /	일만 만 /
해 년(연) /	동녘 동 /	

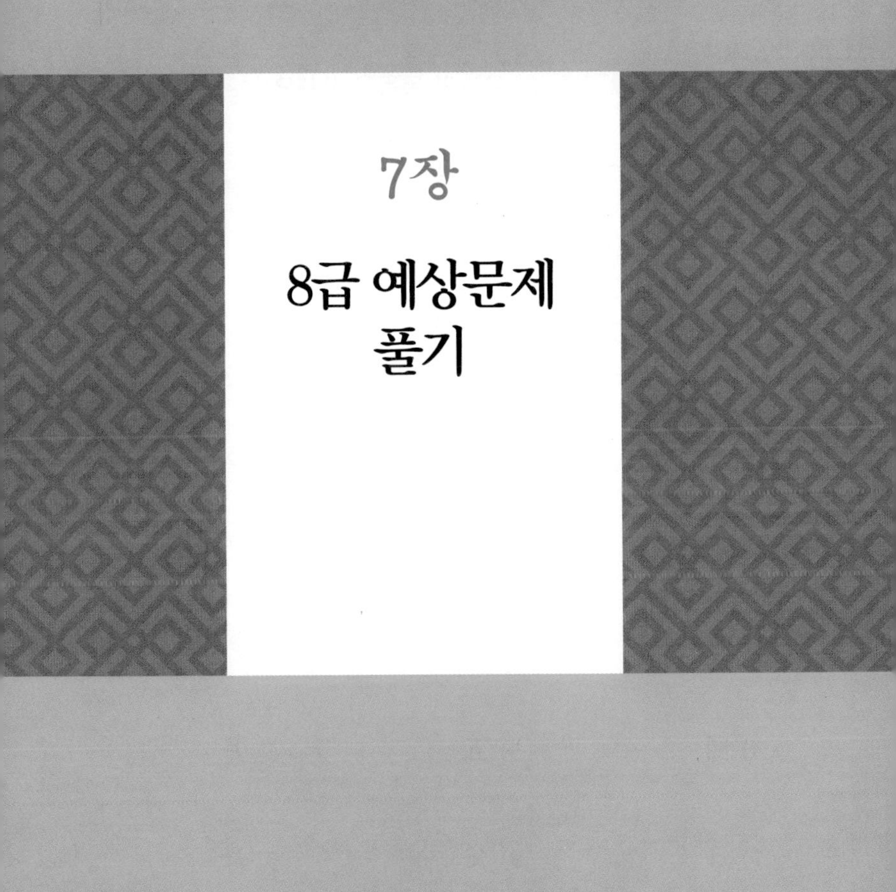
7장

8급 예상문제
풀기

시험시간 50분

1. 다음 글을 읽고 밑줄 친 글자의 독음을 쓰세요. (1~15)

> **예**
>
> 江 → 강

▶ 우리나라는 <u>大韓民國</u> 입니다.

▶ <u>五月</u> 5 <u>日</u>은 어린이날 입니다. 이날 <u>父母</u> 님과 같이 놀이공원에 갔습니다.

▶ <u>七</u> 월과 <u>八</u> 월은 날씨가 매우 더우며 <u>一</u> 월과 <u>二</u> 월은 매우 춥습니다.

▶ 내 동생은 초등학교 1 <u>學年</u> 입니다.

1) 大	2) 韓	3) 民
4) 國	5) 五	6) 月
7) 日	8) 父	9) 母
10) 七	11) 八	12) 一
13) 二	14) 學	15) 年

2. 다음 한자의 훈과 음을 쓰세요. (16~24)

예

字 → 글자 자

16) 四   17) 敎   18) 西

19) 靑   20) 小   21) 白

22) 先   23) 弟   24) 長

3. 다음에 알맞은 한자를 예에서 찾아 그 번호를 쓰세요. (25~35)

예

(1) 九	(2) 火	(3) 人	(4) 南
(5) 室	(6) 中	(7) 六	(8) 寸
(9) 校	(10) 北	(11) 軍	

25) 가운데 중   26) 사람 인

27) 불 화   28) 군사 군

29) 아홉 구

30) 마디 촌

31) 남녘 남

32) 학교 교

33) 집 실

34) 여섯 륙

35) 북녘 북

4. 아래 밑줄 친 글자의 뜻에 알맞은 한자를 예에서 찾아 그 번호를
쓰세요. (36~41)

예

(1) 水	(2) 土	(3) 木
(4) 山	(5) 十	(6) 兄

▶ 성오는 식목일 날 형과 같이 산에 나무를 열그루 심었습니다. 나무
가 잘 자라도록 흙을 덮어주고 물도 주었습니다.

36) 형

37) 산

38) 나무

39) 열

40) 흙

41) 물

5. 아래 밑줄 친 글자에 알맞은 한자를 예에서 찾아 그 번호를 쓰세요. (42~45)

예

(1) 東	(2) 韓	(3) 金
(4) 白	(5) 三	(6) 母
(7) 女	(8) 國	(9) 南

42) 삼월에는 새학기가 시작 됩니다.

43) 내 동생은 여자 입니다.

44) 독도는 우리나라의 동쪽에 있습니다.

45) 내 친구의 성은 김씨 입니다.

6. 다음 한자의 뜻을 예에서 찾아 그 번호를 쓰세요. (46~50)

46) 王은 (　　　　) 이라는 뜻입니다.

47) 萬은 (　　　　) 이라는 뜻입니다.

48) 生은 (　　　　) 이라는 뜻입니다.

49) 門은 (　　　　) 이라는 뜻입니다.

50) 外는 (　　　　) 이라는 뜻입니다.

시험시간 50분

1. 다음 글을 읽고 밑줄 친 한자의 독음을 쓰세요. (1~16)

예

江 → 강

▶ 四 月 七일 건강 달리기 대회가 있어서 父 母 님과 같이 참가 하였습니다.

▶ 大 韓 民 國은 지리적으로 中국과 매우 가까운 나라입니다.

▶ 우리나라는 東쪽과 西쪽 南쪽 三면이 바다로 둘러싸여 있습니다.

▶ 휴전선에는 軍 人들이 나라를 지키고 있습니다.

1) 四	2) 月
3) 七	4) 父
5) 母	6) 大
7) 韓	8) 民
9) 國	10) 中
11) 東	12) 西
13) 南	14) 三
15) 軍	16) 人

2. 다음 한자의 훈과 음을 쓰세요. [17~25]

> **예**
>
> 字 → 글자 자

17) 一

18) 火

19) 小

20) 敎

21) 六

22) 北

23) 五

24) 王

25) 年

3. 다음에 알맞은 한자를 예에서 찾아 그 번호를 쓰세요. (26~35)

예

(1) 山	(2) 九	(3) 外
(4) 長	(5) 萬	(6) 十
(7) 生	(8) 門	(9) 八
(10) 水		

26) 일만 만

27) 아홉 구

28) 열 십

29) 문 문

30) 여덟 팔

31) 바깥 외

32) 뫼 산

33) 물 수

34) 날 생

35) 긴 장

4. 다음 밑줄 친 글자의 뜻에 알맞은 한자를 예에서 찾아 그 번호를
쓰세요. (36~40)

▶ 만수는 형이 두명 아우가 한명 있습니다. 토요일과 일요일에는 같
이 즐거운 게임을 합니다.

예

(1) 二	(2) 土	(3) 弟
(4) 兄	(5) 日	(6) 三

36) 형 37) 두 38) 아우

39) 토 40) 일

5. 다음 글의 밑줄 친 글자에 알맞은 한자를 예에서 찾아 그 번호를
쓰세요. (41~45)

예

(1) 白	(2) 東	(3) 金
(4) 青	(5) 校	(6) 先
(7) 日	(8) 學	

41) 오늘은 금요일 가을 운동회날 입니다.

42) <u>청</u>군은 동쪽에서

43) <u>백</u>군은 서쪽에서 열심히 응원을 합니다.

44) <u>학</u>교 운동장에는

45) <u>선</u>생님들이 모두 모였습니다.

6. 아래 한자의 뜻을 예에서 찾아 그 번호를 쓰세요. (46~50)

예

(1) 마디	(2) 아홉	(3) 집
(4) 임금	(5) 학교	(6) 계집
(7) 나다	(8) 길다	(9) 나무

46) 校는 (   ) 라는 뜻입니다.

47) 室은 (   ) 이라는 뜻입니다.

48) 寸은 (   ) 라는 뜻입니다.

49) 女는 (   ) 이라는 뜻입니다.

50) 木은 (   ) 라는 뜻입니다.

◈ 제1회 정답

1) 대	2) 한	3) 민
4) 국	5) 오	6) 월
7) 일	8) 부	9) 모
10) 칠	11) 팔	12) 일
13) 이	14) 학	15) 년

16) 녁 사

17) 가르칠 교

18) 서녘 서

19) 푸를 청

20) 작을 소

21) 흰 백

22) 먼저 선

23) 아우 제

24) 긴 장

25) ⑥	26) ③	27) ②
28) ⑪	29) ①	30) ⑧
31) ④	32) ⑨	33) ⑤
34) ⑦	35) ⑩	36) ⑥

37) ④ 38) ③ 39) ⑤

40) ② 41) ① 42) ⑤

43) ⑦ 44) ① 45) ③

46) ⑤ 47) ① 48) ⑨

49) ⑧ 50) ③

◈ 제2회 정답

1) 사 2) 월 3) 칠

4) 부 5) 모 6) 대

7) 한 8) 민 9) 국

10) 중 11) 동 12) 서

13) 남 14) 삼 15) 군

16) 인

17) 한 일 18) 불 화

19) 작을 소 20) 가르칠 교

21) 여섯 륙   22) 북녘 북

23) 다섯 오   24) 임금 왕

25) 해 년

26) ⑤   27) ②   28) ⑥

29) ⑧   30) ⑨   31) ③

32) ①   33) ⑩   34) ⑦

35) ④   36) ④   37) ①

38) ③   39) ②   40) ⑤

41) ③   42) ④   43) ①

44) ⑧   45) ⑥   46) ⑤

47) ③   48) ①   49) ⑥

50) ⑨

8장

7급 · 150字
한자 익히기
및 문제풀기

※ 배정한자 위의 점은 장음 표시입니다.

7급 집 가 | 부수 宀 갓머리 | 총 9획　·家事 가사 ·家庭 가정

7급 노래 가 | 부수 欠 하품 흠 | 총 14획　·歌手 가수 ·歌曲 가곡

| 3 | 7급 | 사이 **간** | 부수 **門** 문 문 | 총 **12**획 | · **間食** 간식 · **間諜** 간첩 |

間

| 4 | 7급 | 강 **강** | 부수 **氵** 삼수변 | 총 **6**획 | · **江南** 강남 · **江山** 강산 |

江

7급 수레 **거** · 수레 **차** | 부수 車 수레 거 | 총 7획 · 車道 차도 · 車主 차주

6

7급 장인 **공** | 부수 工 장인공 | 총 3획 · 工夫 공부 · 工場 공장

| 7 | 7급 빌 공 / 하늘 공 | 부수 穴 구멍 혈 | 총 8획 | • 空間 공간 • 空中 공중 |

空

| 8 | 8급 학교 교 | 부수 木 나무 목 | 총 10획 | • 校歌 교가 • 校門 교문 |

校

9 | 8급 | 가르칠 **교** | 부수 **攵** 등글월문 | 총 **11**획 | · **教室** 교실 · **教育** 교육

10 | 8급 | 아홉 **구** | 부수 **乙** 새을 | 총 **2**획 | · **九月** 구월 · **九重** 구중

| 11 7급 입 **구** \| 부수 口 입구 \| 총 3획 | · 口腔 구강 · 口頭 구두 |

| 12 8급 나라 **국** \| 부수 口 큰입구 몸 \| 총 11획 | · 國家 국가 · 國語 국어 |

13 8급 군사 군 | 부수 車 수레 거 | 총 9획 • 軍歌 군가 • 軍人 군인

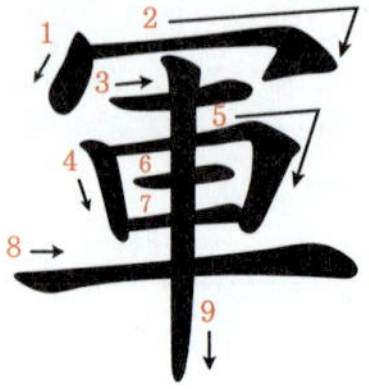

14 8급 쇠 금 · 성 김 | 부수 金 쇠 금 | 총 8획 • 金庫 금고 • 金色 금색

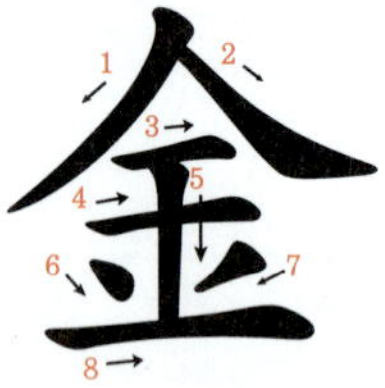

| 15 | 7급 | 기운 **기** | 부수 气 기운기 엄 | 총 10획 | · 氣分 기분 · 氣象 기상 |

| 16 | 7급 | 기록할 **기** | 부수 言 말씀 언 | 총 10획 | · 記念 기념 · 記者 기자 |

· 氣分 기분 · 氣象 기상

| 17 7급 기 **기** | 부수 **方** 모방 | 총 **14**획 | • **旗手** 기수 • **國旗** 국기 |

| 18 7급 사내 **남** | 부수 **田** 밭전 | 총 **7**획 | • **男女** 남녀 • **男子** 남자 |

8급 남녘 **남** | 부수 **十** 열 십 | 총 **9**획　· **南道** 남도 · **南北** 남북

7급 안 **내** | 부수 **入** 들 입 | 총 **4**획　· **內面** 내면 · **內心** 내심

| 21 | 8급 계집 **녀(여)** | 부수 **女** 계집 녀 | 총 **3**획 | · **女史** 여사 · **女子** 여자 |

| 22 | 8급 해 **년(연)** | 부수 **千** 방패 간 | 총 **6**획 | · **年上** 연상 · **年少** 연소 |

| 23 | 7급 | 농사 **농** | 부수 辰 별 진 | 총 13획 | • 農民 농민 • 農夫 농부 |

| 24 | 7급 | 대답 **답** | 부수 竹 대 죽 | 총 12획 | • 答禮 답례 • 答案 답안 |

 8급 큰 **대** | 부수 大 큰 대 | 총 3획 · 大小 대소 · 大會 대회

26 7급 길 **도** | 부수 辶 책받침 | 총 13획 · 道德 도덕 · 道場 도장

25 8급 큰 **대** | 부수 大 큰 대 | 총 3획 · 大小 대소 · 大會 대회

7급 겨울 **동** | 부수 冫 이수변 | 총 5획 · 冬眠 동면 · 冬至 동지

冬

28 **7급** 한가지 **동** | 부수 口 입구 | 총 6획 · 同感 동감 · 同生 동생

同

● 중간 점검 문제 ●

1. 다음 한자의 訓훈(뜻)과 音음(소리)을 쓰세요. (1~30)

家 /	歌 /	間 /
江 /	車 /	工 /
空 /	校 /	敎 /
九 /	口 /	國 /
軍 /	金 /	氣 /
記 /	旗 /	南 /
男 /	內 /	女 /
年 /	農 /	答 /
大 /	道 /	冬 /
同 /	東 /	洞 /

2. 다음 한자의 訓·훈(뜻)과 音음(소리)을 쓰세요. (1~30)

道 /	冬 /	同 /
東 /	洞 /	女 /
年 /	農 /	答 /
大 /	記 /	旗 /
南 /	男 /	內 /
口 /	國 /	軍 /
金 /	氣 /	工 /
空 /	校 /	敎 /
九 /	家 /	歌 /
間 /	江 /	車 /

3. 다음에 알맞은 한자를 쓰세요. (1~30)

집 가 /	노래 가 /	사이 간 /
강 강 /	수레 거 /	장인 공 /
빌 공 /	학교 교 /	가르칠 교 /
아홉 구 /	입 구 /	나라 국 /
군사 군 /	쇠 금 / 성 김	기운 기 /
기록할 기 /	기 기 /	남녘 남 /
사내 남 /	안 내 /	계집 녀 /
해 년 /	농사 농 /	대답 답 /
큰 대 /	길 도 /	겨울 동 /
한가지 동 /	동녘 동 /	골 동 /

4. 다음에 알맞은 한자를 쓰세요. (1~30)

길 도 /	겨울 동 /	한가지 동 /
동녘 동 /	골 동 /	계집 녀 /
해 년 /	농사 농 /	대답 답 /
큰 대 /	기록할 기 /	기 기 /
남녘 남 /	사내 남 /	안 내 /
입 구 /	나라 국 /	군사 군 /
쇠 금 / 성 김	기운 기 /	장인 공 /
빌 공 /	학교 교 /	가르칠 교 /
아홉 구 /	집 가 /	노래 가 /
사이 간 /	강 강 /	수레 거 /

| 31 | 7급 | 움직일 **동** | 부수 **力** 힘 력 | 총 **11**획 | ·**動**機 동기 ·**動**物 동물 |

| 32 | 7급 | 오를 **등** | 부수 癶 필발머리 | 총 **12**획 | ·**登**校 등교 ·**登**山 등산 |

| 35 | 7급 | 늙을 **로(노)** | 부수 老 늙을 로 | 총 6획 | · 老少 노소 · 老人 노인 |

| 36 | 8급 | 여섯 **륙(육)** | 부수 八 여덟 팔 | 총 4획 | · 六月 유월 · 六旬 육순 |

里

林

里洞 이동 · 里長 이장

| 39 7급 | 설 **립(입)** | 부수 立 설립 | 총 5획 | · 立地 입지 · 立春 입춘 |

| 40 8급 | 일만 **만** | 부수 艹 초두머리 | 총 13획 | · 萬物 만물 · 萬全 만전 |

| 43 | 7급 | 이름 **명** | 부수 口 입구 | 총 6획 | · 名家 명가 · 名物 명물 |

| 44 | 7급 | 목숨 **명** / 명령할 **명** | 부수 口 입구 | 총 8획 | · 命令 명령 · 命中 명중 |

45 **8급** 어미 **모** | 부수 **母** 말 무 | 총 **5**획 ・**母國** 모국 ・**母性** 모성

46 **8급** 나무 **목** | 부수 **木** 나무 목 | 총 **4**획 ・**木工** 목공 ・**木星** 목성

| 47 | 7급 글월 **문** | 부수 文 글월문 | 총 4획 | · 文字 문자 · 文學 문학 |

| 48 | 8급 문 **문** | 부수 門 문문 | 총 8획 | · 門前 문전 · 門中 문중 |

| 49 | 7급 | 물을 **문** | 부수 **口** 입구 | 총 **11**획 | ·問安 문안 ·問責 문책 |

問

| 50 | 7급 | 만물 **물**·물건 **물** | 부수 **牛** 소우 | 총 **8**획 | ·物望 물망 ·物色 물색 |

物

| 51 8급 백성 **민** | 부수 氏 성씨 씨 | 총 5획 | · 民生 민생 · 民心 민심 |

| 52 7급 모 **방** | 부수 方 모방 | 총 4획 | · 方法 방법 · 方向 방향 |

· 白軍 백군　· 白紙 백지

· 百方 백방　· 百姓 백성

| 55 8급 | 아비 **부** | 부수 父 아비부 | 총 4획 | • 父母 부모　• 父親 부친 |

父

| 56 7급 | 사내 **부** · 남편 **부** | 부수 大 큰 대 | 총 4획 | • 夫婦 부부　• 夫人 부인 |

夫

| 57 8급 | 북녘 **북**
달아날 **배** | 부수 **匕** 비수비 | 총 **5획** | · **北韓** 북한 · **敗北** 패배 |

| 58 7급 | 아닐 **불(부)** | 부수 **一** 한일 | 총 **4획** | · **不正** 부정 · **不安** 불안 |

59 8급 넉 **四** | 부수 口 큰입구 몸 | 총 5획 · 四面 사면 · 四方 사방

◉ 중간 점검 문제 ◉

1. 다음 한자의 訓훈(뜻)과 音음(소리)을 쓰세요. [31~60]

動 /	登 /	來 /
力 /	老 /	六 /
里 /	林 /	立 /
萬 /	每 /	面 /
名 /	命 /	母 /
木 /	文 /	門 /
問 /	物 /	民 /
方 /	白 /	百 /
父 /	夫 /	北 /
不 /	四 /	事 /

2. 다음 한자의 訓훈(뜻)과 音음(소리)을 쓰세요. (31~60)

夫 /	北 /	不 /
四 /	事 /	民 /
方 /	白 /	百 /
父 /	木 /	文 /
門 /	問 /	物 /
每 /	面 /	名 /
命 /	母 /	六 /
里 /	林 /	立 /
萬 /	動 /	登 /
來 /	力 /	老 /

3. 다음에 알맞은 한자를 쓰세요. (31~60)

움직일 동 /	오를 등 /	올 래 /
힘 력 /	늙을 로 /	여섯 륙 /
마을 리 /	수풀 림 /	설 립 /
일만 만 /	매양 매 /	낯 면 /
이름 명 /	목숨 명 /	어미 모 /
나무 목 /	글월 문 /	문 문 /
물을 문 /	만물 물 /	백성 민 /
모 방 /	흰 백 /	일백 백 /
아비 부 /	사내 부 /	북녘 북 /
아닐 불 /	넉 사 /	일 사 /

4. 다음에 알맞은 한자를 쓰세요. (31~60)

사내 부 /	북녘 북 /	아닐 불 /
넉 사 /	일 사 /	백성 민 /
모 방 /	흰 백 /	일백 백 /
아비 부 /	나무 목 /	글월 문 /
문 문 /	물을 문 /	만물 물 /
매양 매 /	낯 면 /	이름 명 /
목숨 명 /	어미 모 /	여섯 륙 /
마을 리 /	수풀 림 /	설 립 /
일만 만 /	움직일 동 /	오를 등 /
올 래 /	힘 력 /	늙을 로 /

| 61 | 8급 | 뫼 **산** | 부수 **山** 뫼산 | 총 **3**획 | · **山間** 산간 · **山所** 산소 |

| 62 | 7급 | 셈할 **산** | 부수 **竹** 대죽 | 총 **14**획 | · **算數** 산수 · **算出** 산출 |

 석 **삼** | 부수 **一** 한 일 | 총 **3**획 ·三國 삼국 ·三百 삼백

 위 **상** | 부수 **一** 한 일 | 총 **3**획 ·上京 상경 ·上同 상동

| 65 | 7급 빛 **색** | 부수 色 빛색 | 총 6획 | • 色感 색감 • 色彩 색채 |

| 66 | 8급 날 **생** | 부수 生 날생 | 총 5획 | • 生命 생명 • 生物 생물 |

| 67 | 8급 | 서녘 **서** | 부수 **西** 덮을 아 | 총 **6**획 | · **西門** 서문 · **西山** 서산 |

| 68 | 7급 | 저녁 **석** | 부수 **夕** 저녁 석 | 총 **3**획 | · **夕刊** 석간 · **夕陽** 석양 |

| 69 | 8급 먼저 **선** | 부수 **儿** 어진사람 인 | 총 **6**획 | ・先金 선금 ・先祖 선조 |

| 70 | 7급 성 **성** | 부수 **女** 계집 녀 | 총 **8**획 | ・姓名 성명 ・百姓 백성 |

世

小

73 7급 적을 **소** · 젊을 **소** | 부수 **小** 작을 소 | 총 **4**획 ・少年 소년 ・少量 소량

74 7급 바 **소** | 부수 **戶** 지게문 호 | 총 **8**획 ・所見 소견 ・所有 소유

水

手

77 7급 셈 **수** · 자주 **삭** | 부수 **攵** 등글월문 | 총 **15획** · 數次 수차 · 數學 수학

數

78 7급 저자 **시** | 부수 **巾** 수건 건 | 총 **5획** · 市民 시민 · 市場 시장

市

 7급 때 **시** | 부수 **日** 날일 | 총 **10**획 　·**時間** 시간 ·**時急** 시급

 7급 밥 **식**·먹을 **식** | 부수 **食** 밥식 | 총 **9**획 　·**食口** 식구 ·**食事** 식사

| 81 | 7급 | 심을 **식** | 부수 **木** 나무 목 | 총 **12**획 | · 植木 식목 · 植物 식물 |

| 82 | 8급 | 집 **실** | 부수 ⼧ 갓머리 | 총 **9**획 | · 室內 실내 · 室外 실외 |

8장 : 7급 · 150字 익히기 및 문제풀기

 편안 **안** | 부수 宀 갓머리 | 총 6획 · **安全** 안전 · **安住** 안주

 말씀 **어** | 부수 言 말씀 언 | 총 14획 · **語感** 어감 · **語源** 어원

 다섯 **오** │ 부수 **二** 두이 │ 총 **4**획   ·五福 오복 ·五六月 오뉴월

 임금 **왕** │ 부수 **王** 임금 왕 │ 총 **4**획   ·王冠 왕관 ·王道 왕도

◉ 중간 점검 문제 ◉

1. 다음 한자의 訓훈(뜻)과 音음(소리)을 쓰세요. (61~90)

山 /	算 /	三 /
上 /	色 /	生 /
西 /	夕 /	先 /
姓 /	世 /	小 /
少 /	所 /	水 /
手 /	數 /	市 /
時 /	食 /	植 /
室 /	心 /	十 /
安 /	語 /	然 /
午 /	五 /	王 /

2. 다음 한자의 訓訓(뜻)과 音音(소리)을 쓰세요. (61~90)

語 /	然 /	午 /
五 /	王 /	植 /
室 /	心 /	十 /
安 /	手 /	數 /
市 /	時 /	食 /
世 /	小 /	少 /
所 /	木 /	生 /
西 /	夕 /	先 /
姓 /	山 /	算 /
三 /	上 /	色 /

3. 다음에 알맞은 한자를 쓰세요. (61~90)

뫼 산 /	셈할 산 /	석 삼 /
위 상 /	빛 색 /	날 생 /
서녘 서 /	저녁 석 /	먼저 선 /
성 성 /	인간 세 /	작을 소 /
적을 소 젊을 소 /	바 소 /	물 수 /
손 수 /	셈 수 /	저자 시 /
때 시 /	밥 식 /	심을 식 /
집 실 /	마음 심 /	열 십 /
편안 안 /	말씀 어 /	그럴 연 /
낮 오 /	다섯 오 /	임금 왕 /

4. 다음에 알맞은 한자를 쓰세요. (61~90)

말씀 어 /	그럴 연 /	낮 오 /
다섯 오 /	임금 왕 /	심을 식 /
집 실 /	마음 심 /	열 십 /
편안 안 /	손 수 /	셈 수 /
저자 시 /	때 시 /	밥 식 /
인간 세 /	작을 소 /	적을 소 / 젊을 소
바 소 /	물 수 /	날 생 /
서녘 서 /	저녁 석 /	먼저 선 /
성 성 /	뫼 산 /	셈할 산 /
석 삼 /	위 상 /	빛 색 /

| 91 | 8급 | 바깥 **외** | 부수 **夕** 저녁 석 | 총 **5**획 | · **外國** 외국 · **外食** 외식 |

| 92 | 7급 | 오른 **우** | 부수 **口** 입구 | 총 **5**획 | · **右翼** 우익 · **右足** 우족 |

| 93 | 8급 | 달 **월** | 부수 月 달 월 | 총 4획 | ·月刊 월간 · 月末 월말 |

| 94 | 7급 | 있을 **유** | 부수 月 달 월 | 총 6획 | ·有名 유명 · 有識 유식 |

 기를 **육** | 부수 **肉** 고기 육 | 총 **8**획 ・育成 육성 ・育兒 육아

 고을 **읍** | 부수 **邑** 고을 읍 | 총 **7**획 ・邑内 읍내 ・邑長 읍장

| 97 | 8급 | 두 **이** | 부수 二 두 이 | 총 2획 | • 二世 이세 • 二重 이중 |

| 98 | 8급 | 사람 **인** | 부수 人 사람 인 | 총 2획 | • 人氣 인기 • 人格 인격 |

| 101 | 7급 | 들 **입** | 부수 入 들입 | 총 **2**획 | ·入門 입문 ·入學 입학 |

| 102 | 7급 | 아들 **자** | 부수 子 아들자 | 총 **3**획 | ·子女 자녀 ·子孫 자손 |

103	7급 글자 **자** │ 부수 **子** 아들 자 │ 총 **6**획	· **字數** 자수 · **字解** 자해

104	7급 스스로 **자** │ 부수 **自** 스스로 자 │ 총 **6**획	· **自立** 자립 · **自然** 자연

번개 전 | 부수 雨 비우 | 총 13획 ・電氣 전기 ・電話 전화

바를 정 | 부수 止 그칠 지 | 총 5획 ・正答 정답 ・正直 정직

| **111** 8급 아우 **제** | 부수 **弓** 활궁 | 총 **7**획 | • 弟夫 제부 • 弟子 제자 |

| **112** 7급 할아비 **조** | 부수 **示** 보일 시 | 총 **10**획 | • 祖國 조국 • 祖上 조상 |

| **113** 7급 발 **족** | 부수 足 발족 | 총 7획 | ·足蹟 족적 ·手足 수족 |

| **114** 7급 왼 **좌** | 부수 工 장인공 | 총 5획 | ·左右 좌우 ·左遷 좌천 |

主

116 /급 살 **주** | 부수 `亻`사람인 | 총 **7**획 ・ 住民 주민 ・ 住所 주소

住

| 117 | 8급 | 가운데 **중** | 부수 | ㅣ 뚫을 곤 | 총 **4**획 | • 中間 중간 • 中心 중심 |

中

| 118 | 7급 | 무거울 **중** | 부수 | 里 마을 리 | 총 **9**획 | • 重大 중대 • 重要 중요 |

重

1. 다음 한자의 訓훈(뜻)과 音음(소리)을 쓰세요. (91~120)

外 /	右 /	月 /
有 /	育 /	邑 /
二 /	人 /	一 /
日 /	入 /	子 /
字 /	自 /	長 /
場 /	全 /	前 /
電 /	正 /	弟 /
祖 /	足 /	左 /
主 /	住 /	中 /
重 /	地 /	紙 /

2. 다음 한자의 訓훈(뜻)과 音음(소리)을 쓰세요. (91~120)

住 /	中 /	重 /
地 /	紙 /	弟 /
祖 /	足 /	左 /
主 /	場 /	全 /
前 /	電 /	正 /
入 /	子 /	字 /
自 /	長 /	邑 /
二 /	人 /	一 /
日 /	外 /	右 /
月 /	有 /	育 /

3. 다음에 알맞은 한자를 쓰세요. (91~120)

바깥 외 /	오른 우 /	달 월 /
있을 유 /	기를 육 /	고을 읍 /
두 이 /	사람 인 /	한 일 /
날 일 /	들 입 /	아들 자 /
글자 자 /	스스로 자 /	긴 장 /
마당 장 /	온전 전 /	앞 전 /
번개 전 /	바를 정 /	아우 제 /
할아비 조 /	발 족 /	왼 좌 /
주인 주 /	살 주 /	가운데 중 /
무거울 중 /	땅 지 /	종이 지 /

4. 다음에 알맞은 한자를 쓰세요. (91~120)

살 주 /	가운데 중 /	무거울 중 /
땅 지 /	종이 지 /	아우 제 /
할아비 조 /	발 족 /	왼 좌 /
주인 주 /	마당 장 /	온전 전 /
앞 전 /	번개 전 /	바를 정 /
들 입 /	아들 자 /	글자 자 /
스스로 자 /	긴 장 /	고을 읍 /
두 이 /	사람 인 /	한 일 /
날 일 /	바깥 외 /	오른 우 /
달 월 /	있을 유 /	기를 육 /

 7급 곧을 **직** | 부수 **目** 눈목 | 총 **8**획 ・**直感** 직감 ・**直言** 직언

直

 7급 내 **천** | 부수 **川** 내천 | 총 **3**획 ・**山川** 산천

川

 7급 일천 **천** | 부수 **十** 열 십 | 총 **3**획 ┃ • **千年** 천년 • **千秋** 천추

 7급 하늘 **천** | 부수 **大** 큰 대 | 총 **4**획 ┃ • **天倫** 천륜 • **天地** 천지

寸

村

| **129** 7급 가을 **추** \| 부수 **禾** 벼화 \| 총 **9**획 | • 秋夕 추석 • 秋收 추수 |

| **130** 7급 봄 **춘** \| 부수 **日** 날일 \| 총 **9**획 | • 春困 춘곤 • 春秋 춘추 |

 흙 **토** | 부수 土 흙 토 | 총 3획 · 土城 토성 · 土着 토착

 여덟 **팔** | 부수 八 여덟 팔 | 총 2획 · 八景 팔경 · 八字 팔자

便

平

下

夏

| 139 | 8급 | 배울 **학** | 부수 **子** 아들 자 | 총 **16**획 | • **學校** 학교 • **學習** 학습 |

| 140 | 7급 | 힌수 **한** / 나라이름 **한** | 부수 **氵** 삼수 변 | 총 **14**획 | • **漢文** 한문 • **漢字** 한자 |

8급 나라이름 **한** | 부수 **韋** 가죽 위 | 총 **17**획 · **韓國** 한국 · **韓服** 한복

7급 바다 **해** | 부수 **氵** 삼수 변 | 총 **10**획 · **海上** 해상 · **海外** 해외

143 8급 맏**형**·형**형** | 부수 儿 어진사람 인 | 총 5획 · 兄弟 형제 · 老兄 노형

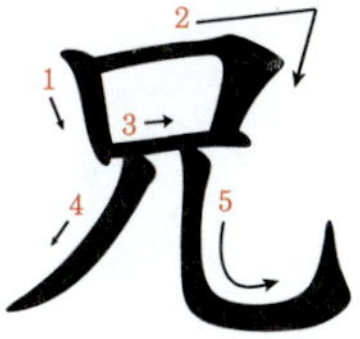

144 8급 불 **화** | 부수 火 불화 | 총 4획 · 火力 화력 · 火災 화재

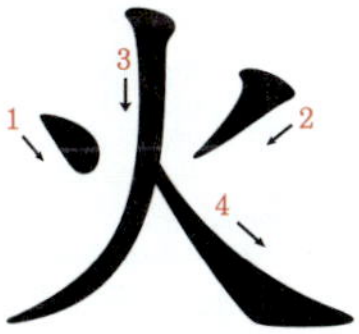

| 145 | 7급 | 꽃 **화** | 부수 艹 초두머리 | 총 8획 | · 花草 화초 · 花燭 화촉 |

| 146 | 7급 | 말할 **화** | 부수 言 말씀 언 | 총 13획 | · 話頭 화두 · 話題 화제 |

| 149 | 7급 | 뒤 **후** | 부수 彳 두인 변 | 총 9획 | • 後方 후방 • 後進 후진 |

| 150 | 7급 | 쉴 **휴** | 부수 亻 사람 인 | 총 6획 | • 休日 휴일 • 休紙 휴지 |

◉ 중간 점검 문제 ◉

1. 다음 한자의 訓훈(뜻)과 音음(소리)을 쓰세요. (121~150)

直 /	川 /	千 /
天 /	靑 /	草 /
寸 /	村 /	秋 /
春 /	出 /	七 /
土 /	八 /	便 /
平 /	下 /	夏 /
學 /	漢 /	韓 /
海 /	兄 /	火 /
花 /	話 /	活 /
孝 /	後 /	休 /

2. 다음 한자의 訓훈(뜻)과 音음(소리)을 쓰세요. (121~150)

話 /	活 /	孝 /
後 /	休 /	韓 /
海 /	兄 /	火 /
花 /	平 /	下 /
夏 /	學 /	漢 /
出 /	七 /	土 /
八 /	便 /	草 /
寸 /	村 /	秋 /
春 /	直 /	川 /
千 /	天 /	靑 /

3. 다음에 알맞은 한자를 쓰세요. (121~150)

곧을 직 /	내 천 /	일천 천 /
하늘 천 /	푸를 청 /	풀 초 /
마디 촌 /	마을 촌 /	가을 추 /
봄 춘 /	날 출 /	일곱 칠 /
흙 토 /	여덟 팔 /	편할 편 똥오줌 변 /
평평할 평 /	아래 하 /	여름 하 /
배울 학 /	한수 한 /	나라이름 한 /
바다 해 /	맏 형 형 형 /	불 화 /
꽃 화 /	말할 화 /	살 활 /
효도 효 /	뒤 후 /	쉴 휴 /

4. 다음에 알맞은 한자를 쓰세요. (121~150)

말할 화 /	살 활 /	효도 효 /
뒤 후 /	쉴 휴 /	나라이름 한 /
바다 해 /	맏 형 형 형 /	불 화 /
꽃 화 /	평평할 평 /	아래 하 /
여름 하 /	배울 학 /	한수 한 /
날 출 /	일곱 칠 /	흙 토 /
여덟 팔 /	편할 편 똥오줌 변 /	풀 초 /
마디 촌 /	마을 촌 /	가을 추 /
봄 춘 /	곧을 직 /	내 천 /
일천 천 /	하늘 천 /	푸를 청 /

9장

7급 유형별
한자 익히기

두음법칙

동자이음어

단어

반대어 · 상대어

사자성어

　글의 첫머리에 오는 자음이 본래의 음을 잃고 다른 음으로 발음되는 것을 말합니다.

1) 女 계집 녀

　ㄱ) 녀로 읽는 경우 - 少女소녀　子女자녀　長女장녀　孝女효녀
　ㄴ) 여로 읽는 경우 - 女流여류　女史여사　女人여인　女丈夫여장부

2) 年 해 년

　ㄱ) 년으로 읽는 경우 - 來年내년　少年소년　靑年청년　平年평년
　　　　　　　　　　　　學年학년
　ㄴ) 연으로 읽는 경우 - 年金연금　年例연례　年老연로　年少연소
　　　　　　　　　　　　年輪연륜

3) 來 올 래

　ㄱ) 래로 읽는 경우 - 外來외래　以來이래
　ㄴ) 내로 읽는 경우 - 來年내년　來訪내방　來往내왕　來日내일
　　　　　　　　　　　　來韓내한

4) 力 힘 력

　ㄱ) 력으로 읽는 경우 - 動力동력　有力유력　主力주력　火力화력
　　　　　　　　　　　　活力활력
　ㄴ) 역으로 읽는 경우 - 力士역사　力說역설　力作역작　力不足역부족

5) 老 늙을 로

   ㄱ) 로로 읽는 경우 - 年老연로　元老원로　不老草불로초
   ㄴ) 노로 읽는 경우 - 老年노년　老少노소　老人노인　老後노후

6) 六 여섯 륙

   ㄱ) 륙으로 읽는 경우 - 五六오륙
   ㄴ) 육으로 읽는 경우 - 六年육년　六法육법　六旬육순

7) 里 마을 리

   ㄱ) 리로 읽는 경우 - 洞里동리　千里천리
   ㄴ) 이로 읽는 경우 - 里長이장　里程이정

8) 林 수풀 림

   ㄱ) 림으로 읽는 경우 - 山林산림　育林육림
   ㄴ) 임으로 읽는 경우 - 林野임야　林業임업

9) 立 설 립

   ㄱ) 립으로 읽는 경우 - 國立국립　獨立독립　自立자립　中立중립
   ㄴ) 입으로 읽는 경우 - 立冬입동　立志입지　立秋입추　立春입춘

2. 동자이음어 同字異音語

글자는 같으나 음이 다른 경우를 말합니다.

1) 車 수레거 · 수레차

　ㄱ) 수레 거로 읽는 경우 - 車馬거마　自轉車자전거　停車정거
　ㄴ) 수레 차로 읽는 경우 - 車輪차륜　自動車자동차　電車전차
　　　　　　　　　　　　　　停車정차

2) 金 쇠금 · 성김

　ㄱ) 쇠 금으로 읽는 경우 - 金庫금고　金冠금관　金額금액　入金입금
　　　　　　　　　　　　　　年金연금
　ㄴ) 성 김으로 읽는 경우 - 金九김구

3) 洞 골동 · 통할통

　ㄱ) 골 동으로 읽는 경우 - 洞窟동굴　洞里동리　洞長동장
　ㄴ) 통할 통으로 읽는 경우 - 洞察통찰　洞燭통촉

4) 北 북녘북 · 달아날배

　ㄱ) 북녘 북으로 읽는 경우 - 北京북경　北極북극　北緯북위
　　　　　　　　　　　　　　　北韓북한
　ㄴ) 달아날 배로 읽는 경우 - 敗北패배

5) 不 아닐불 · 아닐부

　ㄱ) 아닐 불로 읽는 경우 - 不滿불만　不安불안　不義불의　不便불편
　　　　　　　　　　　　　　不平불평

ㄴ) 아닐 부로 읽는 경우 - 不當부당 不動부동 不正부정 不足부족

6) 數 셈수 · 자주삭

ㄱ) 셈 수로 읽는 경우 - 數量수량 數次수차 數學수학 數爻수효
算數산수 手數料수수료

ㄴ) 자주 삭으로 읽는 경우 - 數數삭삭

7) 食 밥식 · 먹일 사

ㄱ) 밥 식으로 읽는 경우 - 食口식구 食堂식당 食費식비 食事식사
食品식품

ㄴ) 먹일 사로 읽는 경우 - 疏食소사

8) 便 편할편 · 똥,오줌변

ㄱ) 편할 편으로 읽는 경우 - 男便남편 兩便양편 便利편리 便安편안
便紙편지 相對便상대편

ㄴ) 똥,오줌 변으로 읽는 경우 - 便器변기 便秘변비 便所변소

9) 活 살활 · 물소리괄

ㄱ) 살 활로 읽는 경우 - 活氣활기 活動활동 活潑활발 活用활용 復
活부활

ㄴ) 물소리 괄로 읽는 경우 - 活活괄괄

10) 그 외에 주의해서 읽어야할 단어

ㄱ) 十月 - 시월   ㄴ) 五六月 - 오뉴월   ㄷ) 六月 - 유월

家口 가구	九重 구중	內心 내심	同生 동생	名門 명문
家門 가문	口頭 구두	內外 내외	洞口 동구	名物 명물
家事 가사	口號 구호	來年 내년	洞里 동리	命中 명중
家長 가장	國家 국가	來日 내일	洞長 동장	母校 모교
歌手 가수	國軍 국군	內韓 내한	東方 동방	母國 모국
間食 간식	國旗 국기	老少 노소	東西 동서	母性 모성
江南 강남	國力 국력	老人 노인	東海 동해	木手 목수
江山 강산	國立 국립	老後 노후	動力 동력	木花 목화
江村 강촌	國語 국어	農家 농가	動物 동물	文物 문물
工夫 공부	軍歌 군가	農民 농민	登校 등교	文字 문자
工事 공사	軍旗 군기	農夫 농부	登記 등기	文學 문학
工場 공장	軍事 군사	農事 농사	登山 등산	門前 문전
空間 공간	軍人 군인	農場 농장	登場 등장	門中 문중
空軍 공군	記事 기사	農村 농촌	萬民 만민	門下 문하
空氣 공기	記入 기입	答紙 답지	萬物 만물	問答 문답
空白 공백	旗手 기수	大家 대가	萬事 만사	問安 문안
空中 공중	男女 남녀	大氣 대기	萬全 만전	物色 물색
校歌 교가	男子 남자	大門 대문	每年 매년	民間 민간
校門 교문	男便 남편	大小 대소	每事 매사	民生 민생
校長 교장	南北韓 남북한	大學 대학	每月 매월	民心 민심
敎室 교실	南海 남해	道民 도민	每日 매일	民主 민주
敎育 교육	內面 내면	道場 도장	面前 면전	方便 방편
敎人 교인	內室 내실	同門 동문	名家 명가	白軍 백군

白手 백수	上同 상동	水道 수도	室長 실장	王子 왕자
白日場 백일장	上水道 상수도	水面 수면	心氣 심기	外家 외가
百方 백방	生家 생가	水平 수평	心中 심중	外國 외국
百姓 백성	生氣 생기	手工 수공	十年 십년	外來 외래
父母 부모	生命 생명	手動 수동	十長生 십장생	外面 외면
父子 부자	生物 생물	手足 수족	十月 시월	外食 외식
父兄 부형	生日 생일	手中 수중	安心 안심	外出 외출
夫人 부인	生活 생활	手話 수화	安全 안전	育林 육림
北韓 북한	西海 서해	數日 수일	安住 안주	月間 월간
不安 불안	夕食 석식	數學 수학	語文 어문	月出 월출
不正 부정	先金 선금	市内 시내	語學 어학	有名 유명
不足 부족	先生 선생	市民 시민	女人 여인	邑内 읍내
四面 사면	先手 선수	市長 시장	年間 연간	邑長 읍장
四方 사방	先祖 선조	市場 시장	年金 연금	二重唱 이중창
四寸 사촌	先後 선후	時間 시간	年老 연로	里洞 이동
事物 사물	姓名 성명	時事 시사	年少 연소	里長 이장
事前 사전	世上 세상	時日 시일	然後 연후	人氣 인기
山間 산간	世人 세인	食口 식구	午時 오시	人間 인간
山林 산림	小便 소변	食事 식사	午前 오전	人口 인구
山所 산소	小食 소식	食水 식수	午後 오후	人物 인물
山川 산천	小心 소심	食後 식후	五色 오색	人生 인생
山村 산촌	少女 소녀	植木日 식목일	五六月 오뉴월	一家 일가
算數 산수	少年 소년	植物 식물	王國 왕국	一面 일면
算出 산출	所有 소유	植民地 식민지	王道 왕도	一生 일생
三寸 삼촌	所重 소중	室内外 실내외	王室 왕실	日記 일기

日數 일수	全文 전문	住所 주소	靑春 청춘	平生 평생
日出 일출	前面 전면	中間 중간	草家 초가	平地 평지
入口 입구	前生 전생	中立 중립	草木 초목	下校 하교
入金 입금	前後 전후	中心 중심	草食 초식	下山 하산
入門 입문	電氣 전기	重大 중대	寸數 촌수	下直 하직
入室 입실	電力 전력	地名 지명	村老 촌로	下車 하차
入場 입장	電子 전자	地方 지방	村長 촌장	夏冬 하동
入學 입학	電話 전화	地主 지주	秋夕 추석	學校 학교
立場 입장	電車 전차	紙面 지면	春秋 춘추	學問 학문
立地 입지	正午 정오	直面 직면	春夏 춘하	學生 학생
子女 자녀	正答 정답	直言 직언	出國 출국	漢江 한강
子正 자정	正道 정도	直前 직전	出生 출생	漢文 한문
子弟 자제	正面 정면	直後 직후	出世 출세	漢語 한어
自動 자동	正直 정직	車道 차도	出入 출입	漢字 한자
自立 자립	弟夫 제부	車主 차주	七夕 칠석	漢學 한학
自然 자연	弟子 제자	千里 천리	土木 토목	韓國 한국
自主 자주	祖國 조국	千秋 천추	土地 토지	韓方 한방
長男 장남	祖父 조부	千字文 천자문	八道 팔도	韓食 한식
長年 장년	祖上 조상	天國 천국	八字 팔자	海軍 해군
場面 장면	左右 좌우	天氣 천기	便安 편안	海女 해녀
場所 장소	主動 주동	天命 천명	便紙 편지	海上 해상
場外 장외	主力 주력	天地 천지	便所 변소	海外 해외
全國 전국	主語 주어	靑年 청년	平年 평년	兄夫 형부
全力 전력	主人 주인	靑色 청색	平面 평면	兄弟 형제
全面 전면	住民 주민	靑天 청천	平民 평민	火氣 화기

火力 화력　　活動 활동　　孝心 효심　　休校 휴교
火山 화산　　活力 활력　　孝子 효자　　休日 휴일
花草 화초　　活字 활자　　後方 후방　　休紙 휴지
活氣 활기　　孝道 효도　　後世 후세　　休學 휴학

4. 반대어·상대어

뜻이 반대이거나 상대적인 한자를 말합니다

江山 강산	江 강강	山 뫼산	先後 선후	先 먼저선	後 뒤후	
空海 공해	空 빌공	海 바다해	手足 수족	手 손수	足 발족	
敎學 교학	敎 가르칠교	學 배울학	水火 수화	水 물수	火 불화	
國家 국가	國 나라국	家 집가	日月 일월	日 날일	月 달월	
男女 남녀	男 사내남	女 계집녀	子女 자녀	子 아들 자	女 계집녀	
南北 남북	南 남녘남	北 북녘북	前後 전후	前 앞전	後 뒤후	
老少 노소	老 늙을로	少 젊을소	左右 좌우	左 왼좌	右 오른우	
內外 내외	內 안내	外 바깥외	天地 천지	天 하늘천	地 땅지	
大小 대소	大 큰대	小 작을소	草木 초목	草 풀초	木 나무목	
東西 동서	東 동녘동	西 서녘서	春秋 춘추	春 봄춘	秋 가을추	
問答 문답	問 물을문	答 대답답	出入 출입	出 날출	入 들입	
父母 부모	父 아비부	母 어미모	夏冬 하동	夏 여름하	冬 겨울동	
父子 부자	父 아비부	子 아들자	兄弟 형제	兄 맏형	弟 아우제	
上下 상하	上 위상	下 아래하				

5. 사자성어

南男北女 남남북녀 남쪽 지방은 남자가 잘나고 북쪽 지방은 여자가 아름답다는 말

男女老少 남녀노소 남자와 여자 늙은사람과 젊은사람 즉 모든사람

東問西答 동문서답 동쪽을 묻는데 서쪽을 대답함. 묻는말에 엉뚱한 대답을 하는 것

東西南北 동서남북 동쪽과 서쪽, 남쪽과 북쪽 곧 사방

父母兄弟 부모형제 아버지와 어머니, 형과 아우

四方八方 사방팔방 여기저기, 모든 방면

山川草木 산천초목 산과 내와 풀과 나무. 즉 자연을 이름

三三五五 삼삼오오 여럿이 무리지어 있거나 어떤일을 하는 모양

世上萬事 세상만사 세상의 온갖일

一口二言 일구이언 한입으로 두가지 말을 함. 말을 이랬다 저랬다 함

一問一答 일문일답 한번 물음에 한번 대답함

一字千金 일자천금 아주 빼어난 글자나 문장

一長一短 일장일단 하나의 장점과 하나의 단점

人山人海 인산인해 사람이 헤아릴 수 없이 많이 모인 상태

自問自答 자문자답 스스로 묻고 스스로 답함

前後左右 전후좌우 앞쪽과 뒤쪽,왼쪽과 오른쪽, 즉 사방

地下車道 지하차도 땅속을 뚫어 차가 다니게 해 놓은 도로

春夏秋冬 **춘하추동**   봄,여름,가을,겨울. 즉 사계절

八道江山 **팔도강산** 우리나라 전국의 산수

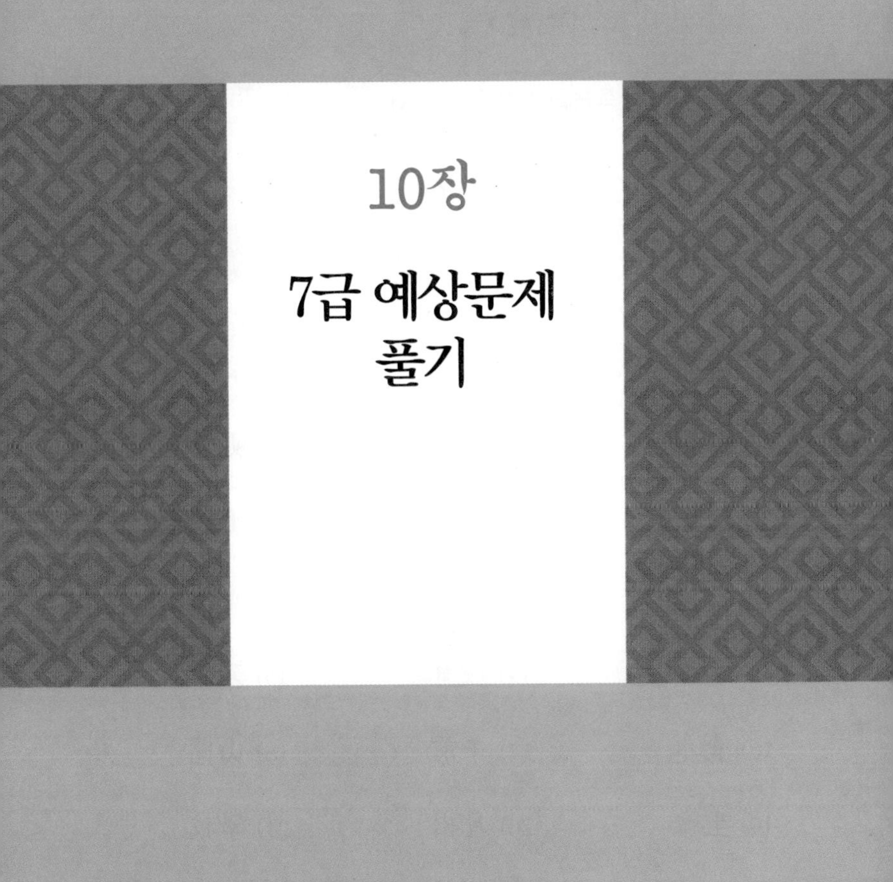
10장

7급 예상문제
풀기

시험시간 50분

1. 다음 한자어의 독음을 쓰세요. (1~32)

예
漢子 → 한자

1) 時間

2) 軍人

3) 東海

4) 自然

5) 先生

6) 便所

7) 問答

8) 洞里

9) 兄弟

10) 江村

11) 北韓

12) 市場

13) 文學

14) 敎育

15) 天命

16) 食水

17) 午前

18) 山間

19) 生命

20) 月出

21) 學校

22) 國力

23) 動物

24) 安全

25) 父母

26) 車道

27) 老少

28) 土地

29) 祖上

30) 立春

31) 男女

32) 入口

2. 다음 한자의 훈과 음을 쓰세요. (33~50)

예

字 → 글자 자

33) 手

34) 口

35) 歌

36) 直

37) 午

38) 空

39) 時

40) 來

41) 夕

42) 川

43) 主

44) 江

45) 場

46) 農

47) 出

48) 安

49) 面

50) 秋

3. 다음 훈과 음에 맞는 한자를 예에서 찾아 그 번호를 쓰세요. (51~60)

예

| (1) 立 | (2) 氣 | (3) 問 | (4) 植 | (5) 世 |
| (6) 邑 | (7) 休 | (8) 有 | (9) 冬 | (10) 下 |

51) 물을 문

52) 기운 기

53) 아래 하

54) 고을 읍

55) 설 립

56) 겨울 동

57) 쉴 휴

58) 인간 세

59) 심을 식

60) 있을 유

4. 다음 한자어의 뜻을 쓰세요. (61~62)

61) 手足 -

62) 母校 -

5. 다음 한자와 반대 또는 상대되는 한자를 예에서 찾아 그 번호를 쓰세요. [63~66]

<table>
<tr><td colspan="4" align="center">예</td></tr>
<tr><td>(1) 地</td><td>(2) 南</td><td>(3) 前</td><td>(4) 右</td></tr>
</table>

63) 北   64) 左

65) 天   66) 後

6. 다음 밑줄 친 단어의 한자를 예에서 찾아 그 번호를 쓰세요. [67~69]

<table>
<tr><td colspan="4" align="center">예</td></tr>
<tr><td>(1) 道場</td><td>(2) 植木</td><td>(3) 市場</td><td>(4) 市長</td></tr>
</table>

67) 오늘은 <u>식목</u>일입니다

68) <u>시장</u>에 가서 나무를 구입 했습니다

69) 오후에 태권도 <u>도장</u>에 갔습니다

7. 다음 문장에서 밑줄 친 글자와 같은 뜻을 가진 한자를 예에서 찾아
그 번호를 쓰세요. (70)

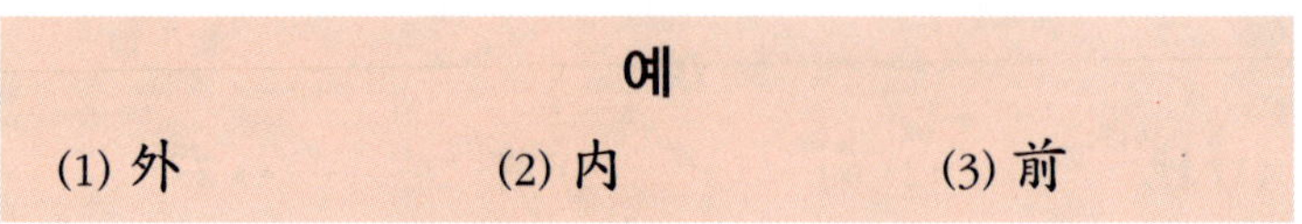

예

(1) 外   (2) 內   (3) 前

70) 교실 <u>안</u>에 선생님이 계십니다.

시험시간 50분

1. 다음 한자어의 독음을 쓰세요. [1~32]

예
漢子 → 한자

1) 東海　　　　2) 車主　　　　3) 數學

4) 日出　　　　5) 入室　　　　6) 老母

7) 地方　　　　8) 春秋　　　　9) 生命

10) 電氣　　　11) 門前　　　12) 男子

13) 國家　　　14) 外來　　　15) 世上

16) 孝道　　　17) 祖父　　　18) 前後

19) 動物　　　20) 農村　　　21) 場所

22) 萬事　　　23) 有名　　　24) 年金

25) 百姓　　　26) 登山　　　27) 正答

28) 間食　　　29) 山林　　　30) 不安

31) 弟子　　　32) 自動

2. 다음 한자의 훈과 음을 쓰세요. [33~51]

> **예**
>
> 字 → 글자 자

33) 上

34) 内

35) 間

36) 孝

37) 育

38) 天

39) 正

40) 家

41) 力

42) 少

43) 同

44) 千

45) 工

46) 市

47) 名

48) 道

49) 夏

50) 住

51) 子

3. 다음 한자어의 뜻을 쓰세요. [52~53]

52) 校門

53) 天地

4. 다음 훈과 음에 맞는 한자를 예에서 찾아 그 번호를 쓰세요. (54~63)

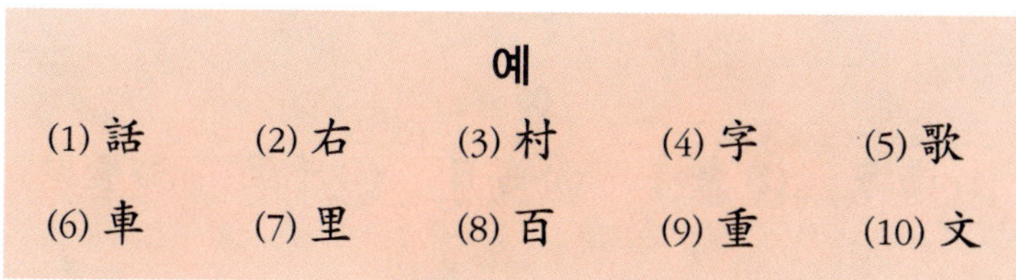

54) 오른 우   55) 마을 리   56) 글월 문

57) 말할 화   58) 마을 촌   59) 글자 자

60) 노래 가   61) 무거울 중   62) 수레 거

63) 일백 백

5. 다음 한자와 반대 또는 상대되는 한자를 예에서 찾아 그 번호를 쓰세요. (64~66)

예
(1) 下   (2) 足   (3) 問   (4) 出   (5) 全

64) 答 -   65) 上 -   66) 入 -

6. 다음 문장에서 밑줄 친 단어의 한자를 예에서 찾아 그 번호를 쓰세
요. [67~68]

예

(1) 南海　　(2) 東海　　(3) 每日　　(4) 千里　　(5) 食口

67) <u>천리</u>길도 한걸음부터

68) 독도는 <u>동해</u>에 있습니다.

7. 다음문장에서 밑줄 친 단어와 같은 뜻을 지닌 한자를 예에서 찾아 그
번호를 쓰세요. [69~70]

예

(1) 國　　　(2) 軍　　　(3) 秋　　　(4) 夏

69) <u>여름</u>은 매우 덥습니다.

70) <u>나라</u>를 사랑하고 자연을 보호하자.

시험시간 50분

1. 다음 한자어의 독음을 쓰세요. (1~32)

<table>
<tr><td colspan="3" align="center">예</td></tr>
<tr><td colspan="3" align="center">漢子 → 한자</td></tr>
</table>

1) 南部   2) 秋夕   3) 電車

4) 洞口   5) 中心   6) 食事

7) 每月   8) 休校   9) 大門

10) 海女   11) 來日   12) 三寸

13) 出生   14) 青春   15) 正直

16) 工場   17) 水道   18) 名門

19) 手動   20) 韓國   21) 前後

22) 空中   23) 少年   24) 老人

25) 日記   26) 江山   27) 校長

28) 姓名   29) 世上   30) 活氣

31) 自立   32) 住民

2. 다음 한자의 훈과 음을 쓰세요. (33~51)

예
字 → 글자 자

33) 色　　　　34) 夫

35) 後　　　　36) 心

37) 入　　　　38) 地

39) 洞　　　　40) 食

41) 旗　　　　42) 不

43) 男　　　　44) 春

45) 電　　　　46) 事

47) 物　　　　48) 海

49) 語　　　　50) 數

51) 家

3. 다음 한자어의 뜻을 쓰세요. (52~53)

52) 祖父

53) 春秋

4. 다음 훈과 음에 맞는 한자를 예에서 찾아 그 번호를 쓰세요. [54~63]

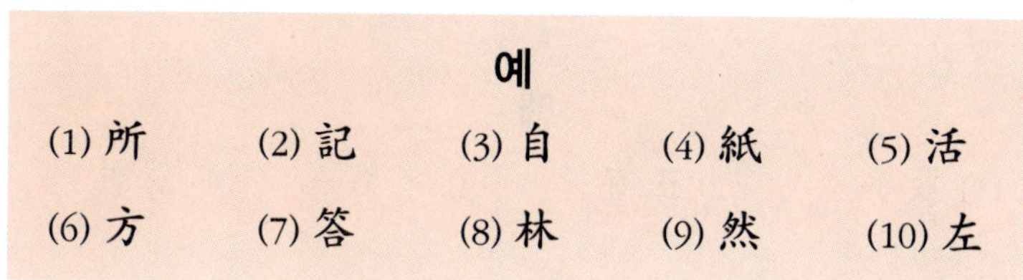

예

(1) 所   (2) 記   (3) 自   (4) 紙   (5) 活

(6) 方   (7) 答   (8) 林   (9) 然   (10) 左

54) 그럴 연   55) 바 소   56) 종이 지

57) 왼 좌   58) 모 방   59) 기록할 기

60) 살 활   61) 대답 답   62) 수풀 림

63) 스스로 자

5. 다음 한자와 반대 또는 상대되는 한자를 예에서 찾아 그 번호를 쓰세요. [64~66]

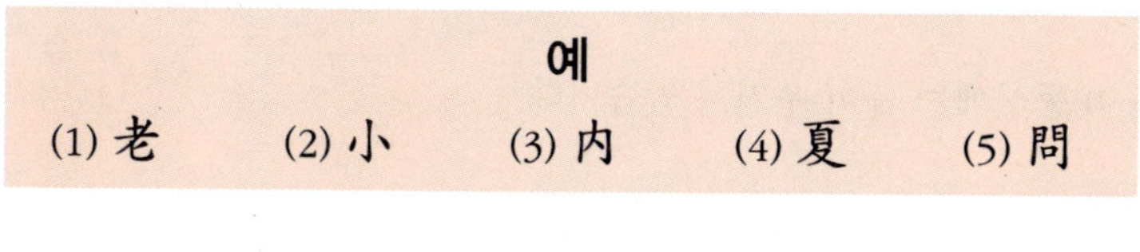

예

(1) 老   (2) 小   (3) 內   (4) 夏   (5) 間

64) 外 -   65) 冬 -   66) 少 -

6. 다음 문장에서 밑줄 친 단어의 한자를 예에서 찾아 그 번호를 쓰세요. [67~68]

예
(1) 歌手　　　(2) 正直　　　(3) 兄弟　　　(4) 算數

67) 정민이는 형제가 3명입니다.

68) 정직하고 진실한 마음

7. 다음 문장에서 밑줄 친 단어와 같은 뜻을 지닌 한자를 예에서 찾아 그 번호를 쓰세요. [69~70]

예
(1) 花　　　(2) 空　　　(3) 草　　　(4) 動

69) 동산에는 풀이 우거져 있습니다.

70) 봄에는 산과 들에 꽃이 핍니다.

정 답

1) 시간	2) 군인	3) 동해
4) 자연	5) 선생	6) 변소
7) 문답	8) 동리	9) 형제
10) 강촌	11) 북한	12) 시장
13) 문학	14) 교육	15) 천명
16) 식수	17) 오전	18) 산간
19) 생명	20) 월출	21) 힉교
22) 국력	23) 동물	24) 안전
25) 부모	26) 차도	27) 노소
28) 토지	29) 조상	30) 입춘
31) 남녀	32) 입구	33) 손 수
34) 입 구	35) 노래 가	36) 곧을 직
37) 낮 오	38) 빌 공	39) 때 시
40) 올 래	41) 저녁 석	42) 내 천
43) 주인 주	44) 강 강	45) 마당 장
46) 농사 농	47) 날 출	48) 편안 안
49) 낯 면	50) 가을 추	51) ③
52) ③	53) ⑩	54) ⑥
55) ①	56) ⑨	57) ⑦

58) ⑤   59) ④   60) ⑧

61) 손과 발   62) 자기가 졸업한 학교   63) ②

64) ④   65) ①   66) ③

67) ②   68) ③   69) ①

70) ②

◈ 제2회 정답

1) 동해   2) 차주   3) 수학

4) 일출   5) 입실   6) 노모

7) 지방   8) 춘추   9) 생명

10) 전기   11) 문전   12) 남자

13) 국가   14) 외래   15) 세상

16) 효도   17) 조부   18) 전후

19) 동물   20) 농촌   21) 장소

22) 만사   23) 유명   24) 연금

25) 백성   26) 등산   27) 정답

28) 간식   29) 산림   30) 불안

31) 제자   32) 자동   33) 위 상

34) 안 내   35) 사이 간   36) 효도 효

37) 기를 육   38) 하늘 천   39) 바를 정

40) 집 가   41) 힘 력   42) 적을 소

43) 한가지 동   44) 일천 천   45) 장인 공

46) 저자 시   47) 이름 명   48) 길 도

49) 여름 하   50) 살 주   51) 아들 자

52) 학교를 드나드는 문   53) 하늘과 땅   54) ②

55) ⑦   56) ⑩   57) ①

58) ③   59) ④   60) ⑤

61) ⑨   62) ⑥   63) ⑧

64) ③   65) ①   66) ④

67) ④   68) ②   69) ④

70) ①

◈ 제3회 정답

1) 남부   2) 추석   3) 전차

4) 동구   5) 중심   6) 식사

7) 매월   8) 휴교   9) 대문

10) 해녀　　　11) 내일　　　12) 삼촌

13) 출생　　　14) 청춘　　　15) 정직

16) 공장　　　17) 수도　　　18) 명문

19) 수동　　　20) 한국　　　21) 전후

22) 공중　　　23) 소년　　　24) 노인

25) 일기　　　26) 강산　　　27) 교장

28) 성명　　　29) 세상　　　30) 활기

31) 자립　　　32) 주민　　　33) 빛 색

34) 지아비 부　　35) 뒤 후　　36) 마음 심

37) 들 입　　　38) 땅 지　　　39) 골 동

40) 밥 식　　　41) 기 기　　　42) 아닐 불

43) 사내 남　　44) 봄 춘　　　45) 번개 전

46) 일 사　　　47) 만물 물　　48) 바다 해

49) 말씀 어　　50) 셈 수　　　51) 집 가

52) 할아버지　　53) 봄과 가을　　54) ⑨

55) ①　　　56) ④　　　57) ⑩

58) ⑥　　　59) ②　　　60) ⑤

61) ⑦　　　62) ⑧　　　63) ③

64) ③　　　65) ④　　　66) ①

67) ③　　　68) ②　　　69) ③

70) ①

한자능력검정시험 8급 · 7급

1판 1쇄 인쇄 | 2005년 7월 25일
1판 1쇄 발행 | 2005년 7월 30일
엮은이 | 진산 곽종육
펴낸이 | 윤다시
펴낸곳 | 도서출판 예가

주소 | 서울시 영등포구 당산동 1가 191-10
전화 | 02)2633-5462
팩스 | 02)2633-5463
E-mail | yegabook@hanmail.net
등록번호 | 제 8-216호

ISBN 89-7567-463-0   13710